アダム・オールサッチ・ボードマン＝絵と文

ナカイサヤカ＝訳

イラストで見る

AN ILLUSTRATED HISTORY OF GHOSTS

GHOST

ゴーストの歴史

マール社

バアル
（古代パレスチナの神、転じて魔王）

シェレシュ・レジェー
（自殺を招くという曲『暗い日曜日』の作曲者）

BA'AL

DEMIURGE
デミウルゴス

MOLOCH

モロク
（子どもを
いけにえと
して要求した
中東の魔神）

CODEX GIGAS
ギガス写本
別名「悪魔の聖書」

RESZO
SERESS

LEVITATION
?
浮遊？

CHARLES FORT
チャールズ・
フォート

MYSTERY
ミステリ

EUSAPIA PALLADINO

HARRY HOUDINI
ハリー・
フーディニー

LEYLINES レイ・ライン

MYSTERY
Fort...

ECTOPLASM
エクトプラズム

サラエヴォ事件の
呪われた自動車

MV-JOYITA

FLYING DUTCHMAN
さまよえるオランダ人

エウサピア・パラディーノ
（イタリアの霊媒師）

ジョイタ号
（南太平洋上で乗員が謎の失踪をした船）

見開きの（　）内は訳者注

バーチャルゲーム
（仮想現実ゲーム）

フランシス・リービー
（自分の死を予言して消え
ない手形を残した消防士）

テキサス州 T－レックスの幽霊
（テキサス州で目撃されている
小さいティラノサウルス）

タルパ
（化身：p.58 想想形態の項参照）

メン・イン・ブラック
（UFO を見た記憶を
消しにくるという
男たち）

ラヴェイ
（悪魔主義教会の
教祖）

エリザバトル
（米国南部で沈んだ
外輪船の幽霊船）

スティックマン
（世界各地で目撃され
ているという黒い
棒人間のような姿）

黒い目の子どもたち
（米国で目撃されて
いるという白目のな
い黒い目の子どもの
ような存在）

シャツの森
（米国ニュージャー
ジー州の無数の白い
T シャツが木にかけ
られている森）

この男の夢を見た
ことがあるか？
（人々の夢の中に現
れるインターネット
幽霊）

消えた植民地
（米国で植民者が跡
形もなく消えていた
入植地）

占い師ゾルター
（占い師人形
アトラクション）

オメンナイネン島
（罪人などの墓地があった
フィンランドの無人島）

アルカトラズ島
（米国サンフランシスコ沖の監獄島）

レディ・ビー・グッド
（1958 年に砂漠の真ん中で無人で
発見された第二次大戦中の爆撃機。
乗組員の遺体は 1960 年に発見）

幽霊たちに

オカルト専門家のデイビッド・クラーク、
ハーレイ・スティーブンス、フィリップ・ボードウィンに感謝する
ノブロウ社スタッフの知恵と精励ぶりに最大級の謝辞を

—— アダム・オールサッチ・ボードマン

AN ILLUSTRATED HISTORY OF GHOSTS
Adam Allsuch Boardman

Japanese translation rights arranged with
Nobrow Press, an imprint of Flying Eye Books Limited
through Japan UNI Agency, Inc., Tokyo

Originally published in the English language in 2022 as
"An Illustrated History of Ghosts" © Nobrow Press,
an imprint of Flying Eye Books Ltd, 27 Westgate Street E83RL, London."

イラストで見る
ゴーストの歴史

2023 年 6 月 20 日　第 1 刷発行
2023 年 11 月 20 日　第 2 刷発行

著者　アダム・オールサッチ・ボードマン
訳者　ナカイ サヤカ
発行者　田上 妙子
印刷・製本　図書印刷株式会社
発行所　株式会社マール社
〒 113-0033
東京都文京区本郷 1-20-9
TEL 03-3812-5437
FAX 03-3814-8872
https://www.maar.com/

ISBN978-4-8373-6901-1　Printed in Japan

イラストで見る
AN ILLUSTRATED HISTORY OF GHOSTS
GHOST
ゴーストの歴史

アダム・オールサッチ・ボードマン＝絵と文

ナカイサヤカ＝訳

マール社

CONTENTS 目次

はじめに

人類が粘土板に言葉を刻み始めて以来、幽霊との戯れが記録されて<ruby>戯<rt>たわむ</rt></ruby>きた。幽霊は様々な形と大きさで現れた。陰鬱な灰色の女性であったり、忍び寄る悪夢であったり。<ruby>陰鬱<rt>いんうつ</rt></ruby>

我々がよく知る物語には、「ギルガメッシュ」の親友エンキドゥからピーター・ベンクマンの『ゴーストバスターズ』（1984 年）のぬらぬらしたスライマーまで、幽霊が登場するものがたくさんある。

だが、人々はなぜ幽霊を信じるのだろう？ ある人は文化や伝統の影響だという。幽霊は神話や伝説にも登場しているのだ。また、信仰は説明できないものに育まれる。不可思議な音がするたびに、幻影が現れては消えるたびに、人々は幽霊を見たのかもしれないと思い始める。

そして、幽霊を追い求める試みは、数多くのピカピカと点滅する装置、仮説や人気の観光スポットを生み出した。恐れ知らずの探求者と現場の主役である霊媒師は、多くの人々が踏み込むのを恐れた場所を踏査し、幽霊の出る城、墓地、人里離れた森を訪れた。

本書では幽霊と心霊現象を取り巻く数多くの神話、伝説、奇妙な品々を紹介する。読者の皆さんがさらに多くの本を読んだり、あるいは自分でも懐中電灯と温かい飲み物を持って、幽霊を探しに行ったりしてくれることを願っている。

幽霊とは何か？
WHAT IS A GHOST?

幽霊は死んだ人の霊で、その人にとって生前重要だった場所の近くに潜んでいることが多いと考えられていた。英語のゴーストという言葉はゲルマン語で魂や精神を意味する「ガスト（*gást*）」を語源とする。

どの時代でも多くの人が幽霊を見たと話している。幽霊との遭遇は、怪しく光る墓場の鬼を垣間見たというものから、嵐の海で幽霊船を見たというものまで、幅広い。現代の説明とは別に、幽霊は神話や伝説を通じて伝承されてきた。

伝説
伝説は人々と場所についての物語で、史実であることもそうでないこともあるが、たくさんの人々によって信じられているものである。

神話
神話は聖書や古代ギリシャ神話のように信仰と強く結びついた物語だ。神話が出来上がるまでは数千年を要し、神秘的な現象の説明として使われることも多い。

幽霊の種類

幽霊の性質は文化によって説明と定義が違うので、混乱しやすい。英国の研究者ピーター・アンダーウッドは幽霊と関係する精霊を、以下のようにわかりやすいグループに分類した。

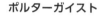

エレメンタル（精）

多種多様な自然の精、妖精やゴブリン、魔物など。

ポルターガイスト

ドイツ語で騒がしい幽霊という意味。この幽霊は人の注目を集めるのが好きな性質で、物体を投げて回るのを楽しんでいるようだ。

伝統的な幽霊

安らかになれない死者の霊で、ひどくおしゃべりなこともある。

精神的痕跡

歴史的な出来事によって物質世界に取り残された霊姿。

危機と死を生き延びた姿

死に臨む人の友人や家族が見る霊姿。

タイムスリップ

ある地点にタイムトラベルで現れた幽霊で、歴史的な場所に突然出現する。

生き霊

霊能力者による精神的投影。

物体に取り憑いた幽霊

霊的な活動をみせる物体や媒介物。

ホーンティングとは何か？
WHAT IS A HAUNTING?

幽霊が決まった場所に住み着いていると信じられていると
き、これをホーンティング（取り憑き）という。伝統的には、
幽霊は自分が死んだ場所や自分にとって生前重要だった場
所に取り憑くと考えられてきた。

人々は奇妙な現象を多数目撃すると、ホーンティングが原
因だと考えた。

1. **霊姿**

   幽霊としか思えない姿の全身
   または部分が見えた。

2. **物体引き寄せ**

   物体が突然現れる。

3. **電気的干渉**

   電灯が暗くなり電化製品が奇
   妙な動きをする。

4. **幽霊が書いた文字**

   壁や鏡に書かれたメッセー
   ジ。

5. ノック音や足音

日常的な音だが、何が原因かわからないもの。

6. 奇妙なペット

動物の奇妙な行動。誰もいない場所に向かって吠える犬など。

7. ファントム・ミュージック

どこから聞こえるかわからない音楽。

8. 虚空からの声

はっきりしない囁き声や主のいない会話。

9. コールド・スポット

部屋が異様に寒い。

10. 霊染

染みや印が出現する。

11. 異常な負傷

ポルターガイスト活動の結果として報告されるこぶ、あざ、ひっかき傷など。

12. 空中浮遊

物体が自ら宙に浮いているように見える。

13. 憑依

人間や物が邪悪な霊に取り憑かれて勝手に動かされる。

14. ハイ・ストレンジネス

夢の中のような感じで起こる遭遇。

懐疑的調査
SKEPTICAL INQUIRY

超常現象だという主張をそのまま信じて受け入れずに、証拠を詳しく調べることを懐疑的調査という。歴史を通じて、懐疑論者だと自認する人々が有名な心霊現象の科学的な説明を提供すべく、調査を行ってきた。

不安定な基礎
基礎部分に損傷がある建物は揺れたり、奇妙な音を発生させたりする。

配管
パイプやボイラーは、幽霊のような奇妙で多様な音を発生させることが知られている。

イカサマ
人々は様々な理由で偽の心霊現象をでっち上げる。一杯食わせてやろうというイタズラから、詐欺のための人だましまで、理由は幅広い。

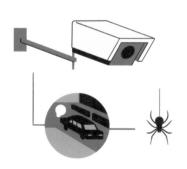

幻覚
幻覚は、頭部の怪我や精神疾患が原因で起こることがある。

不気味な這い虫
クモやハエ、小動物などが記録装置のカメラの上を這って、幽霊と間違われることがある。

錯視

光と影のトリックが幽霊
のように見えるもの。

超低周波

低周波の音が不安やめまい、
吐き気などを引き起こすと
いう研究結果がある。

パレイドリア現象

無関係なものにランダムなパ
ターンを見出して、それに意味
を与えてしまう現象。

金縛り

睡眠中に夢を見ているような状態で起きると、
胸の上に重みを感じたり幻覚を見たりする。

確証バイアス

目撃者が元々、超常現象を信じている
と、他の説明を拒否することがある。

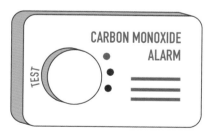

一酸化炭素
（*Carbon Monoxide ／ CO*）

この毒性のあるガスにさらされるとめまいを
起こしたり、幻覚を見たりする。

電磁場
（*Electoro Magnetic Field ／ EMF*）

電磁場が人に影響を及ぼすかどうかは、今も激しく
議論されている。高レベルの電磁場が不安と方向感
覚の喪失を引き起こすと信じている人もいる。

PREMODERNNITY

近代以前

最古の幽霊の絵、バビロニアの粘土板（紀元前 1500 年頃）

死後の世界
AFTERLIFE

古代の神話の多くでは、幽霊は死後の世界に行くことを避けた死者の魂だと信じられていた。古くから、ていねいな埋葬が魂の死後の世界への旅を助けると考えられてきた。発見されている最古の埋葬は、1万年以上前のものだ。この古代人の死体は、故人の持ち物や食べ物と一緒に洞くつに埋葬されていた。

屍衣で包む

古代エジプト人にとって、身体と魂の絆は死後も残るものだった。死後の世界での活動を支えるために、墓には食べ物と道具を揃えた。裕福なエジプト人は死者をミイラにして保存した。ミイラにするためには死者の内臓を取り出し、身体が腐らないように膏薬を塗り、布で包む。

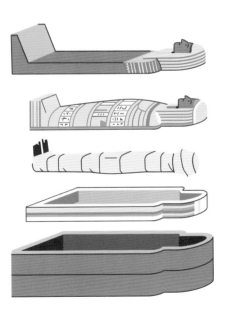

テーベの神官ユサルモスのミイラ

冥界

古代ギリシャ人は死者の魂を死者の影と呼び、生前の姿の「こだま」だと信じていた。地下世界の船頭にちゃんと船に乗せてもらえるように、死者はコインと一緒に葬られた。船頭が不機嫌になると魂はその場で足止めされて、生者に取り憑くようになると信じられていた。

サイコポンプス

中米アステカ族の神話では、ショロトルという神が、いくつかある冥界の一つに幽霊を導いていくことになっていた。こうした役目を果たす存在はサイコポンプ（ギリシャ語で「魂を指揮するもの」）と呼ばれる。アステカ族はショロイツクインツレという古代犬種をショロトルの眷属（けんぞく）だとしていた。亡くなった人の傍らには飼い主に殉じた犬や、その代役となる犬の立像が冥界の旅のお供（とも）として一緒に埋葬された。

魂の部分

古代中国では魂（魂魄（こんぱく））は二つの部分からできていると信じられていた。魂（こん）は雲の魂で、魄（はく）は白い魂だ。魂は人が死ぬと身体を離れるが、魄は死体に留まる。漢王朝（紀元前202年から西暦220年頃）の貴族は魄を守るとされた翡翠（ひすい）の屍衣に包まれて埋葬された。

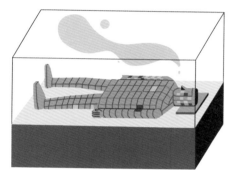

ルネッサンスの画家が想像して描いたリンボの住人たち

リンボ（辺獄）

カトリックの神学では、死んだ罪人はリンボ（中世ラテン語で「境」という意味）に行くとされた。魂は自由にリンボからさまよい出ることができて、この世に幽霊として現れるのだと信じられていた。中世ヨーロッパでは、リンボに行きたくないという人々に教会が免罪符を売っていた。

（訳注：死者はここで最後の審判を待つことになっているとされていた。免罪符があれば天国に直行できると信じられていた）

ハントゥ
HANTU

インドネシア、マレーシア、そしてこの近隣地域に住むマレー人は、ハントゥという霊について、多数の神話を発展させてきた。ハントゥは儀式や供物で交渉に応じると信じられてきて、場合によっては報酬によって人のために働くことさえあった。

（訳注：ハントゥは日本で言う自然の精、妖怪、お化け、悪霊も広く含む概念）

ボモー

ボモーは心霊専門家で、有料で霊と交渉する。特に病気を治療したり、病気にさせたりすることが多い。

ポンティアナク

出産で死んだ女の幽霊。

トヨル

幼児の霊。トヨルはコソ泥をすることがあると信じられていた。

ハントゥテテク

鬼婆のような霊で子どもを誘拐するが、だいたい無傷で返してくると考えられていた。

ハントゥジャムアン

食事を供えてなだめるまで、イタズラで祝いの席を台無しにする霊。

ハントゥケムブン

雨の日に頭痛や胃痛を起こす霊。

ダビー
DUPPY

カリブ海地方では、安らげない幽霊はダビーと呼ばれている。ダビー信仰をたどると西アフリカに
さかのぼる。ダビーは動物のような形になることも、人間のような形になることもあると考えられ
ている。伝説によればダビーはイタズラな無法者で、人を傷つけ、殺してしまうことさえある。ダビー
を避けられると考えられている伝統的な方法には、服を裏返しに着ること、塩を食べること、ラム
酒を墓に供えることなどがある。

ローリング・カーフ
悪人の巨大な幽霊で、赤い目で鼻から煙を吹
き出す牛のような姿をしていると言われる。

叫ぶ少年
赤い目の子どものダビーで火の
ように熱い息を吐いて人を殺す。

鳥、ヘビ、トカゲ
ダビーはありふれた動物の姿をとることもある。

リバー・ムンマ
人々を危険な水の中に誘い込む水棲のダビー。

幽霊の訪問
GHOSTLY GUESTS

幽霊の集団が、現実世界をしばしば訪れる地域もある。これは悪い予兆だと考える文化もあるが、お祭りで幽霊を客として歓迎する文化もある。

ラ・サンタ・コンパーニャ

大昔から、ポルトガルとスペインの人々は、伝説にある幽霊の行進、ラ・サンタ・コンパーニャ（聖なる訪問客）を目撃してきた。幽霊たちはガイコツの姿を白いフードで隠していて、集団の先頭にはトランス状態になった地元の人間がいる。この人間は翌朝起きたときには、夜の不気味な行進のことは全く何も覚えていないという。

伝承によればこの行進に駆り出されるのを避ける方法には、魔除けのシンボルを描いたり、黒猫を供えたり（ありがたいことに猫に危害はない）などがある。

ワイルド・ハント

ワイルド・ハント、幽霊騎馬団と呼ばれる幻姿は世界中の伝説に登場している。空を行く幽霊の集団は、奇怪な幽霊の馬や、炎で燃え上がる馬に乗っているという。

幽霊祭り（盂蘭盆会）

中国、マレーシア、ベトナムなどで大昔から続く祭り。道教では中元節の祭りといい、旧暦7月15日の行事だ。祖先の霊が年に一度冥途から帰ってくるという古代の仏教の信仰に起源がある。この期間、信者たちは死者を様々な習慣で歓迎する。

鬼王（グイワン）

儀式の中心となるのは大きな鬼王の絵姿で、供物を供えて、

ろうそくを灯して、線香を焚いた後、絵姿は燃やされるのが伝統だ。

（訳注：鬼王は面燃大士（ミアンランダーシー）という道教の神で、仏教習合では観音菩薩の眷属、顕現とされる）

最前列の席

祭りの期間中、行事の会場では目に見えない死者が座る席が用意される。生きている行事参加者がこの席に座ってしまうのは非常に不運だとされる。

冥銭（めいせん）

死者への供物として冥銭という特別な紙を燃やす。冥銭はシールやスタンプで飾られているか、お金に似たデザインになっている。

景色、音、匂い

お香、灯籠（とうろう）、提灯、お経や声明が道や川に沿って置かれ、幽霊を案内するために使われる。

死者を祝う行事でもっとも有名なハロウィーンと死者の日（ディア・デ・ロス・ムエルトス）で、一年のうちの同じような時期に行われる。現代知られているような形での祭りは、両方とも現代的にはカトリックの万聖節に基づいているとされているからだ。起源は同じといっても、2つの祭りはそれぞれはっきりと違う。キリスト教以前の伝統に基づく祭りのユニークなインスピレーションを受け継いでいる。

死者の日

メキシコの死者の日、ディア・デ・ロス・ムエルトスは11月1日と2日に行われる行事だ。ルーツはアステカの祭りだと信じている人々もいる。祭りの目的は死者に敬意を払うことで、陽気に騒ぎ、ごちそうや魅惑的な飾り付けで祝う。

死者を装う

カラベラは装飾を施した頭蓋骨のモチーフだ。砂糖菓子やフェイスペイント、祭壇の飾りに使われる。歴史学者は中米とヨーロッパの習俗が融合した美術だとしている。現代のデザインは19世紀のメキシコの画家、ホセ・グアダルーペ・ポサダ・アギラーの作品に強い影響を受けている。

オフレンダス

祭壇はオフレンダスといい、食べ物と鮮やかな色の花びらで飾り付け、迷っている幽霊を惹きつける。心地良いなじみのある匂いは、墓地から友人と家族の待つ家に死者の魂を惹きつけると考えられている。

ハロウィーン

ハロウィーンは元々、11月1日の諸聖人の日、あるいは万聖節の前日のヨーロッパの祭りだった。時を経るに従って、万聖節イブ（オール・ハローズ・イブ）がハロウィーンとなった。もっと古いケルト人の祭り、サムハイン（スコットランド・ゲール語で「夏の終わり」）がルーツだと信じる人々もいる。これは冬の始まりを告げるもので、アイルランドでは「超自然的な世界との境目が弱くなる日」だとされていた。

トリック・オア・トリート

近所の住人を仮装して訪ねると、甘いお菓子が振る舞われる。この伝統は、人々が良からぬ霊を追い払うために動物の皮を身にまとったサムハインの祭りにさかのぼると考えられている。この他にゴシックな飾り付けをしたり、カボチャをくりぬいて飾ったり、ホラー映画を見たりする習慣も一般的だ。

ハロウィーンのカボチャ細工

ハロウィーンの衣装

歴史に残るホーンティング
HISTORIC HAUNTINGS

古い神話や伝説の他に人々は幽霊との遭遇を記録している。現存するもっとも古いホーンティングの記録は古代ギリシャのもので、多くの伝説や口承で伝えられているものと似ている。

アテナイの幽霊
ギリシャ アテナイ、紀元1世紀

もっとも古いホーンティングの記録は、紀元1世紀頃の日付のある手紙に書かれたものだ。古代ローマの作家、小プリニウスは友人に宛てた手紙の中で、古い幽霊屋敷の話をいささか面白がって書き記している。それによれば、奇妙な音と幽霊の姿が原因で、とあるアテナイの家から借家人が逃げ出した。幸運なことに、ストア派の哲学者アテノドロス・カナニテスがこの家を引き受けてくれ、忘れ去られていた遺体を適切に葬ることで幽霊を慰めたのだという。

「さらば」
ΓΕΙΑ ΣΟΥ

26

テッドワースのドラマー

英国 イングランド地方 テッドワース（現ティッドワース）、1661-1663 年頃

1661 年、地主のジョン・モンペッソンが英国で最初に記録されたポルターガイスト現象のひとつを経験した。この事件は、目に見えない太鼓を叩くような音と、モンペッソンの家の中の物体が動き回るというものだった。ホーンティングは国中の人の興味を惹き、多くの訪問者がやってきた。クリストファー・レン（セントポール大聖堂の建築家）と聖職者のジョセフ・グランビルもその中にいた。

ゴーストハンター

グランビルは屋敷を徹底的に調べ、ゴーストハンターの先駆けとなった。グランビルの死後出版された『サドカイ派への勝利』(*Saducismus Triumphatus* ／ 1683 年）は、他の魔法、幽霊、魔女の妖術などの証拠とともにテッドワースでの体験を詳しく書き記している。後世の懐疑主義者はモンペッソンの娘が心霊現象をでっちあげた本人の可能性があると指摘している。これが言いがかりか否かは別として、心霊現象を子どもたちのせいにするのは、懐疑主義の著作ではよくあることだ。

（訳注：一般にポルターガイスト現象は 10 代の少年少女と密接な関係があるとされている）

様々な心霊現象にも関わらず、
実際に幽霊を見た人はいなかった

ジョセフ・グランビル

魔物
DEMONS

神話や伝説では、魔物は人間ではない霊で、イタズラや邪悪なものと関連付けられている。伝統的な幽霊とは別の存在だが、魔物のホーンティングは幽霊のそれと非常に似通っていることもある。例えば魔物も、物体を移動させ、奇妙な音を立て、厄介ごとを起こすと信じられている。

日本の演劇用の鬼の面

古代の神々

キリスト教の神話には、堕天使だとされている多彩な魔物が登場する。その名前の多くは、モロクのように聖書以前の信仰に起源がある（モロクは雄牛の頭を持つ神、あるいはいけにえの儀式をいう）。

イタズラな神（トリックスター）

ジンは様々な超常力を包括した存在で、トリックスターや願いを叶える霊として登場することが多い。アラジンの昔話に登場するランプに住んでいるジンあるいはジーニーは有名だ。

メソポタミアの魔物の小像

幽霊の正体は魔物

16世紀、ほとんどのプロテスタントの主流組織はカトリックのリンボと幽霊についての信仰を拒否した。代わりに、悪魔と手下の魔物がホーンティングを起こしていると説いた。それにも関わらず、幽霊に対する民間信仰は根強く続いていった。

タイの寺院の守護者である夜叉

霊との交信
SPIRITUAL COMMUNICATION

何千年もの間、人々は魔法の儀式を通じて霊を招き寄せようとしてきた。祈祷師は召喚と喚起の2種類を区別している。召喚は霊を誰かに依るように呼び寄せるが、喚起は、サロンや秘密の地下室など霊にとって都合の良い場所に姿を現すように促す。

霊を招く者は、霊が病気を治す手助けをしたり、知識を授けてくれたり、時には敵を攻撃してくれると信じていた。

ノアイデ

ヨーロッパ北極圏のサーミ人は、霊と話す者をノアイデと呼ぶ。ノアイデは霊に豊猟と好天を願う。

ジャアクリ（ジャンクリ）

ネパールでは祈祷師はジャアクリ、ジャンクリと呼ばれる。伝統的にはジャンクリは儀式でディヤングロという太鼓を振り回す。祝福と魔法による治療に加え、祖先の霊を召喚して口寄せするためにも雇われる。

ムーダン（巫堂）

朝鮮半島の文化では霊と話すものはムーダン（巫堂）と呼ばれる。ムーダンは儀式で鮮やかな色の衣装を着て踊るのが特徴だ。

プラスチック・シャーマン

伝統的な祈祷は、他の文化の人々から不当に盗用されることがある。ネイティブアメリカンの運動家はこれをプラスチック・シャーマンと呼んでいる。

Tシャツの文字
（俺を信用しろ）

怪しい古城
FREAKY FORTIFICATIONS

城に、幽霊の伝説はつきものだ。戦いの歴史、恐ろしい地下牢、そして歴史上の人物が、
古城を幽霊の物語の完璧な舞台にしている。

姫路城
日本 姫路、14 世紀頃

日本の南西部にある姫路城は、その白く輝く壁の内側に何人かの幽霊を宿していると信じられている。
伝説の一つは、女中のお菊が主人である武士に口説かれて、拒絶したあとに殺害されたという『播州皿
屋敷の物語』だ。武士は「お菊が貴重な皿を盗んだ」と偽って責めて、井戸に投げ入れた。間もなくお
菊の幽霊が皿を数えては「瀬戸物が足りない」と狼狽しているのが聞こえるようになった。話によっては、
お菊の幽霊は井戸から這い出してきて自分を殺した武士を苦しめる。この井戸から這い出す井戸幽霊は、
1991 年のホラー小説『リング』とその映画化された作品のヒントになっているのかもしれない。

（訳注：『リング』の「貞子」のモデルは明治期の超能力者、高橋貞子だとされている）

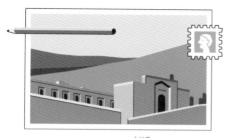

バンガル砦
（インド ラジャスターン州、16世紀頃）

伝説によれば、怒った魔法使いが砦を呪って
から、幽霊が出るようになったという。

ズヴィーコフ城
（チェコ ズヴィーコヴスケー・ポドフラディー、
13世紀頃）

電子機器や動物に悪さをする幽霊が出るという。

エディンバラ城
（英国スコットランド エディンバラ、12世紀頃）

観光案内でしばしば「英国でもっとも幽霊が出る
城」との称号を与えられている。

プレドヤマ城
（スロベニア プレドヤマ、13世紀頃）

ある伝説によれば、騎士エラゼムがトイレに入っ
たときに大砲で吹き飛ばされて死亡し、以来、幽
霊となって城に取り憑いているという。

フースカ城
（チェコ ブラッツェ、13世紀頃）

伝説によれば、城は地獄への門を囲う
ように建てられているという。

キニティ城
（アイルランド キニティ、19世紀頃）

この場所には千年以上に渡って城があり、現在の
ものが最新の建物。あらゆる種類の幽霊が出ると
信じられている。

護符
SPIRITUAL PROTECTION

幽霊と邪悪な霊を信じることは、様々な文化において身を守る方策を発展させた。その方策は護符から儀式まで、あらゆる形と大きさのものが作り出されている。霊を避ける方策は、魔除け（アポトロピック魔法）と呼ばれている。

イフリート

古代エジプトと近隣の中東地域には、「殺人現場にはイフリートという、復讐心に燃えた霊が取り憑く」と信じる者がいた。霊を追い払うための儀式として、殺人現場に釘を打ち付けるというものがあった。

レムレース

古代ローマ人は攻撃的な霊をレムレースと呼んだ。レムーリアの祭りの期間、ローマ人はにぎやかなパーティーを開き、レムレースを追い払うための儀式として豆を投げた。

ゴルゴネイオン

古代ギリシャ建築には悪霊を怖がらせて追い払うためにゴルゴン（ギリシャ神話の怪物）の姿の画像がしばしば掲げられた。彫刻、レリーフ、モザイク画などがある。

クモの巣チャーム

北アメリカのオジブウェ族の人々は、古くから
の伝統として、悪霊や悪夢を捕まえるためにク
モの巣のようなお守りを作る。このチャームは
現代では「ドリームキャッチャー」という名で
呼ばれることが多い。

グロテスク彫刻

中世以来、ヨーロッパの教会や城には怪物の彫
刻があしらわれてきた。怪物はあざ笑うような
顔つきをしていて、悪霊や悪魔の進入を退ける
と考えられていた。グロテスク彫刻は雨樋に集
めた水を吐き出す装置として、屋根の上にも置
かれた。これはガーゴイルという。

蹄鉄
ていてつ

中東起源の古い魔法儀式では、悪霊払いとして
出入り口の上に鉄の蹄鉄をかけるものがあっ
た。ヨーロッパでは、キリスト教と関連付けら
れるようになり、英国のダンスタン主教が悪魔
を蹄鉄で追い払ったという 10 世紀の伝説が起
源だとされている。

邪眼

魔除け魔法のもっとも一般的な儀式は、邪眼か
ら身を守るために護符を使うものだ。古代の
地中海地方と中東の文化に起源がある邪眼は、
人を狙って投げかける呪いの一種だと信じら
れている。邪眼の護符は、幽霊や魔物などに
対してもよく使われている。

コック・レーンの幽霊
COCK LANE GHOST

コック・レーン
英国 ロンドン コック・レーン、1762 年

英国でもっとも有名なホーンティングのひとつ
は、18 世紀のとあるロンドンの家で起こった。
ファニー・ラインズの死後、彼女の幽霊（「引っ
掻きファニー」と呼ばれた）は、自分が住んでい
た下宿屋の部屋で物を叩いたり、引っ掻いたりし
て音を出すことで、現世の人々と交信しようとし
ているという噂が立った。

家主のリチャード・パーソンズがこの話を吹聴し
たため、これを聞いて大勢の訪問客がやってきた。
この中には政治家のホレス・ウォルポールとヨー
ク公（女王の第二王子）もいた。当時、英国で新
たに生まれたプロテスタントのメソジスト派は超
常現象を認める立場を取っていた。このため、英
国国教会の中の疑り深い人々が「メソジストの聖
職者がヒステリーを煽った」と非難する発言をす
ることに繋がった。

コック・レーンの混乱とスキャンダラスなルポルタージュを受けて、知識人からなる委員会が調査をすることになった。文壇の大御所サミュエル・ジョンソン（最初の英語辞書の著者）が参加し、パーソンズの娘がでっち上げを演じたと判断した。後に、幽霊の引っ掻き音やノック音を出すた

めに使用された木片が娘の所持品から発見され、この推測が裏打ちされた。後の裁判では、リチャード・パーソンズがラインズの遺族に対する名誉毀損で有罪となり、懲役2年の刑を言い渡された。

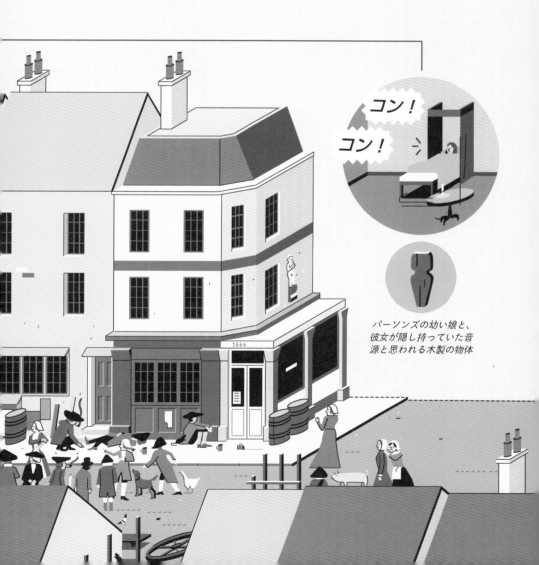

パーソンズの幼い娘と、彼女が隠し持っていた音源と思われる木製の物体

THE 19th CENTURY

19 世紀

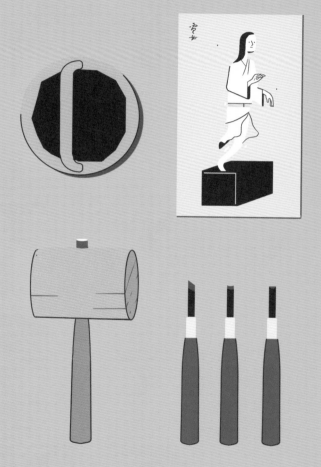

幽霊木版画、日本（1850 年頃）

心霊主義
SPIRITUALISM

大きな悲劇を生んだ米国での内戦（南北戦争）後、残された人々は新しく急進的な思想を求めた。改革主義、社会主義、女権拡張活動と並んで、心霊主義と呼ばれる宗教運動が台頭した。

マギー・フォックス

ケイト・フォックス

リア・フォックス

フォックス姉妹
米国 ニューヨーク州 ハイズビル、1848 年

心霊主義はそもそも、交霊会（または降霊会とも書く）という儀式を通じて幽霊と接触しようとする試みだ。交霊会は 1848 年にニューヨーク州のハイズビル出身のフォックス姉妹によって広く知られるようになった。マギー・フォックスとケイト・フォックスは国中を回って霊媒師としての実演をし、実演中にどこからともなく聞こえるコツコツという音を、幽霊からのメッセージとして取り次いでみせた。

嫌がらせ

男性の懐疑論者は、フォックス姉妹がインチキであると暴露しようとし、身体や衣服を無理矢理探った。この当時、フォックス姉妹は未成年の 10 代であったにも関わらず、他の霊媒師たちと並んで、暴き屋にしばしば付け込まれ、服を脱ぐようにと不当な嫌がらせを受けた。このような特権を乱用した男性たちは、科学者というよりも詐欺師という肩書きがふさわしかったかもしれない。

実演ツアーと、調べ立てられるストレスは、アルコール依存症と姉妹の関係の崩壊に繋がった。1888 年、ある記者がマギーに「インチキを告白するなら 1500 ドルを提供する」と持ちかけ、マギーはすぐにどうやって膝の関節を鳴らしてノック音を出していたかを詳しく話した。

新しい宗教

心霊主義は霊媒師にとって利益を生む事業であることが証明され、遺族に悲しみからの解放をもたらした。この運動は特に白人の中流階級の人々の間で人気となり、間もなくヨーロッパに輸出された。

影響力のある心霊主義者

アーサー・コナン・ドイル
（作家）

ビクトリア・ウッドハル
（政治家）

W・B・イェーツ
（詩人）

ウィリアム・フランク・テイラー
（聖職者）

心霊主義誕生の地

かつてフォックス姉妹が暮らしていたハイズビル（現在はニューヨーク州ウェイン郡アルカディア）の家の付近は記念公園となっていて、生家の土台が保存されている。小さな石碑には「死はあらず、死者もあらず」と刻まれている。

神智学（しんちがく）

1870 年代、ウクライナ出身のオカルト主義者ヘレナ・ブラバッキーが心霊主義から派生した宗教運動を創造し、「神智学（しんちがく）」と名付けた。神智学では「古代叡智（えいち）の大師たち」と呼ばれる霊と交信会を行う。普通の死者の幽霊と異なり、大師たちは悟り（さとり）を通して肉体と魂を分離した人間だと信じられていた。

降霊術
MEDIUMSHIP

心霊主義の最盛期には、霊媒師は個人のイベントや劇場での公演に引っ張りだこになった。「幽霊は光を嫌う」と霊媒師が主張したため、実演は暗闇の中で行われた。懐疑論者は、「薄暗がりの目的はトリックを隠すためでしかない」と述べていた。

ワンダーウーマンたち

霊媒師の多くは女性で、自由に旅をして自分のお金を稼ぐ、社会階層に捕らわれない生活を楽しんでいた。ただ残念なことに、フォックス姉妹のように不当に拘束されたり、嫌がらせを受けたりすることも多かった。霊媒師のエンマ・ハーディンジ・ブリテンは、自分をつけまわしてはラブレターを送ってくるファンに対して、法的な措置を取った。

交霊会

もっとも人気のある交霊会の形式では、参加者は暗い部屋でテーブルのまわりに座って手を繋ぐ。霊媒師が集まりを主導し、幽霊からと見られるメッセージを伝えた。

スピリット・キャビネット

小さなブースやキャビネットの中で交霊会をする霊媒師もいた。

スリリングな演出

多くの霊媒師は実演をもっと刺激的にしようと演出用の衣装を着たり、ユニークな仕掛けを使ったりした。

エクトプラズム

口から出てくる白いネバネバしたもの。多くの人はエクトプラズムを霊的なエネルギーだと信じていた。布を使っての演出によるトリックもよくあった。この言葉は、フランス人医師シャルル・リシェが「外側のプラズマ」という意味のギリシャ語から作った。

先進的思考

霊媒師は女性解放運動や社会改革を支持する先進的な自由思想家と親密な存在だった。霊媒術を利用して政治的なメッセージを広げた霊媒師も多かった。霊媒師の中には、男女を問わず合意の上で縛られたり、下着で実演したりなど、エロチックな演技を行うものもいた。英国の霊媒師アニー・フェアラム・メロンは霊の召喚を装って女性や男性とキスをしていた。

ダベンポート兄弟のスピリット・キャビネット

実演の間、兄弟は楽器がたくさん入ったキャビネットの中に入って縛り付けられる。扉が閉じられると、まるで幽霊が鳴らしているように楽器が鳴る。

フーディニのマージョリー・ボックス

霊媒師が本物かどうかをテストするために、動きを限定するように作られた箱。

（こんにちは、
私は幽霊！）

霊による自動筆記

霊媒師の中には、霊からとみられるメッセージを紙に書き記す者もいた。霊媒師が実演してみせるときは、インチキと疑われないように目隠しをするのが典型だった。

日本の幽霊
YUREI

不気味な絵画

日本の「幽霊」は、かすかな霊、あるいはぼんやりした霊という意味だ。19世紀、幽霊は芝居や木版画（浮世絵）の題材として人気があった。幽霊には様々なタイプがあり、それぞれが生きている間に耐えた苦しみの違いによってこの世に現れるといわれている。

1. **怨霊（おんりょう）**

   自分を不当に扱った者に復讐しようとする幽霊。

2. **船幽霊（ふなゆうれい）**

   復讐を欲する怨霊のうち、海で死んだ一群。魚のような姿で現れることもある。

3. **浮遊霊（ふゆうれい）**

   目的なく浮いてさまよう霊。

4. **御霊（ごりょう）**

   高貴な人の幽霊のうち、自然災害などを操って恨みを晴らそうとするもの。

5. 地縛霊（じばくれい）

目的のない浮遊霊に似た幽霊だが、特定の場所に縛り付けられている。

6. 座敷童子（ざしきわらし）

イタズラ好きな子どもたちの幽霊。

7. 産女／姑獲鳥（うぶめ）

出産で死んだ母親の幽霊。生き残った子どもに贈り物を持ってくるという。

8. 悲痛な女性

絵画では、幽霊は通常、白い着物を着たやつれた表情で髪のもつれた女性として描かれている。現代の映画に登場する幽霊とほぼ同じだ。現代では、「多くの文化の幽霊が女性なのは、感情的な女性は死後も幽霊となってこの世に残りやすいと考える、ステレオタイプの反映だ」と示唆する研究者もいる。

北アメリカの幽霊伝説
NORTH AMERICAN GHOST LEGENDS

北アメリカには非常に多くの幽霊伝説があり、ネイティブアメリカンの神話にさかのぼるものも、またヨーロッパから来た入植者の伝承に影響を受けたものもある。

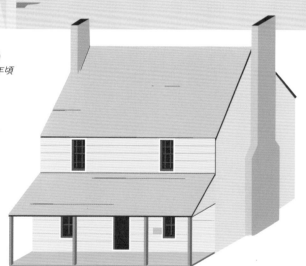

ベル・ウィッチ（ベル牧場の魔女）
米国 テネシー州 ベル牧場、1817-1821 年頃

伝説によれば、ベル牧場は口うるさい幽霊に取り憑かれていた。地元の人々によれば、この幽霊は地元の魔女ケイト・バッツだという。幽霊は侮辱的な言葉と驚くべき超自然の力で牧場主に難癖をつけて、もてあそぶのを楽しみ、人にはわからない理屈で、ある男をラバに変え、物体を出現させ、牧場の住人を負傷させた。牧場主のジョン・ベルは、数週間に渡る霊からの罵倒による体調不良が続いた後、ベッドの中で死んでいたという。

ベル牧場

魔物のような幻姿

魔女の幽霊を暖炉に投げ込もうとするジョン・ベル

グレート・ディズマル・スワンプ
米国、バージニア州 ノースキャロライナ州
18 世紀頃

広大でアリゲーターでいっぱいのこの沼
地は、13000 年以上にわたって沿岸に
住むネイティブアメリカンの人々の暮ら
しの場となってきた。18世紀のヨーロッ
パ人探検家たちはこの地を評価せずここ
を「グレート・ディズマル・スワンプ（大
きく陰鬱な沼）」と名付け、フランス語
を話す人々は「マレ・モディット（呪わ
れた沼）」と呼んだ。濃い霧、湿った地面、

両生類、鳥、爬虫類の呻くような鳴き声
の聞こえる沼に多くの幽霊の伝説がある
のは当然だろう。

「湖の女性」と呼ばれる幽霊は、霧の中
から蛍に照らされてカヌーを漕いで現れ
るという。この孤独な漕ぎ手の他にも、
影のような人物たち、船、灯りが緑色の
水からさまよい出るという。

霊応盤
TALKING BOARDS

プランシェット

1850年代、ヨーロッパの製品デザイナーは、プランシェット（フランス語で「小さな木板」）という鉛筆を挟んで動かす車輪付きの小さな木製パレットを売ることで降霊術を商品化した。参加者がプランシェットの上に手を置くと、霊が手を導いて図形や字を書かせると信じられていた。

GW コットレル
（1859年）

カークビー＆Co
（1869年）

ウイジャ・ボード
（1890年）

エスプリト・トーキング・ボード
（1891年）

ミスティファイイング・オラクル
（1915年）

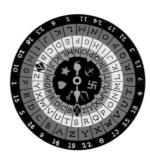

ミスティコープ・フォーチュン・テラー
（1925年）

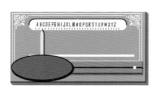

テレパシック・スピリット・
コミュニケーター
（1936年）

ハスコ・ミスティック・ボード
（1940年）

ミスティック・アンサー・ボード
（1944年）

スピリット・ボード

より人気のある製品はスピリット・ボードと呼ばれるもので、大きな板の上に置いたミニチュアプランシェットが勝手に動いて、描かれた文字と数字を指すように見えるものだった。もっとも有名な例はアメリカ人発明家イライジャ・ボンドが開発した「ウイジャ」だ。すぐに多数の類似品が作られ、著作権を巡る争いが激化した。懐疑主義者は「プランシェットとこれに似た道具が動くのは幽霊に導かれているのではなく、不覚筋動効果（参加者の意識しない筋肉の動き）によるものだ」としている。

ウイジャ・ボード・デラックス版
（1967年）

トランソグラム
（1967年）

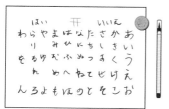

こっくりさん
（1970年代）

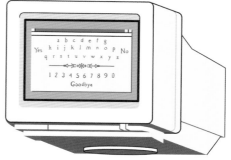

ウィンドウズ版ウィジャ
（1993年）

チャームド・スピリット・ボード
（2006年）

ウイジャ・ボード
（2008年）

トーキング・ボード
（2015年）

人里離れた怪しい場所
INFAMOUS ISOLATION

テヴェンネク灯台
フランスの海岸、19世紀

歴史的な因縁のある場所の他、僻地の建物は幽霊の伝説を集めがちのようだ。1875年に建設された
フランスのテヴェンネク灯台はかなりの量の幽霊の話の舞台となっている。建設後、しばらくは灯台
守が配置されて一人で勤務していた。伝説によれば、この地方では死んだ水夫の声が聞こえることが
知られていて、最初の灯台守アンリ・ゲゼネックは、この声によって狂気に追いやられて死んだとい
う。新聞『ル・テレグラム』は、苦しむ霊を払おうと、灯台の周囲の岩に十字架が設置されたと書い
ている。だが、十字架は時と波によって取り去られてしまったようだ。

心霊写真
SPIRIT PHOTOGRAPHY

19世紀は、写真家が写真スタジオや交霊会で撮影した「本物の」幽霊の写真を販売するのが流行した。

霊の立体写真

ロンドン立体写真会社は、立体効果写真の販売を専門としていた。1850年代には幽霊をテーマにした写真を売っていたが、演出されたものであることは暗黙の了解となっていた。

幽霊人形

1870年代、フランスの霊媒師エドゥアール・イジドア・ビュゲーが自作の二重露出写真で幽霊モデルとして使うミニチュア人形を創作した。ビュゲーは司法の裁きを避けることはできずに、詐欺罪で投獄された。

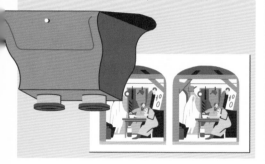

二重露出

使用済み写真板を
カメラに挿入

人物の写真を撮影

二つの画像が重なった
状態で現像される

謎の「幽霊」が
写真に現れる

ウィリアム・マムラーのメモラビリア

ウィリアム・マムラーは1860年代に、写真のネガを2枚以上重ねると、幽霊のような姿を映し出せることを発見した。マムラーの妻のハンナは、心霊主義界に精通した霊媒師だった。二人は顧客の亡くなった親族を主役とした写真を売るようになった。南北戦争後、米国には親族を失った人々を顧客とした大きな市場が存在した。二人の顧客となった有名人の中には亡くなった大統領の未亡人、メアリー・トッド・リンカーンもいた。マムラーは詐欺で告発され、裁判で無罪となったが、社会的な評価は大きく傷つくことになった。

クラブと協会
CLUBS AND SOCIETIES

19世紀、西洋では心霊主義が熱狂的に流行した結果、知識人やマニアは幽霊現象を研究、議論する団体を作った。奇妙な現象の研究は、流行に従って名称が変わってきた。一般的な用語としては心霊研究、超心理学、超自然現象研究、超常現象研究などがある。

ウィリアム・クルックス　　チャールズ・ディケンズ

ゴースト・クラブ

ゴースト・クラブは1862年にロンドンで創立された。メンバーには影響力のある著名人が多く、作家のチャールズ・ディケンズ、詩人のW・B・イェーツ、科学者のウィリアム・クルックスなども所属していた。クラブは現在も活動を続けていて、もっとも長期間存続している研究団体となっている。

霊媒師の服　　空間移動したといわれる
　　　　　　　物体のコレクション

心霊現象研究協会（SPR）

1882年に創立されたSPR（*Society of Psychical Research*）は、テレパシー（メンバーだったフレデリック・マイヤーによる造語）、催眠状態と交霊会のデータを収集した。インチキを暴くための活動をしていたにも関わらず、SPRは、自分たちが本物だと信じる霊媒師とは協力関係にあった。SPRは現在も現地調査、分析、発表の活動を存続している。

メタフィジカル・ラボラトリー

ハンガリーの化学者エレメア・チェンジェリー・パップは、1928年から様々な実験を行った。研究室は中でも、霊媒師が何もないところから物体を突然出現させるトリックに焦点を当てた。パップは霊媒師たちにSF的なつなぎ服を着せて、手品のトリックができないようにした。

フォーティアン協会

米国の作家チャールズ・ホイ・フォートの本『呪わ
れしものの書』(Book of the Damned / 1919 年) は、
奇妙な現象を一貫して収集した最初の本だと考えら
れている。1931 年、ファンがニューヨーク市で深
遠なオカルト的テーマについて議論するフォーティ
アン協会を始めた。協会メンバーは『ダウト (疑問)』
という会誌を始めたが、これはのちにさらに公的で
影響力のある雑誌『フォーティアン・タイムズ』と
なった。

オーストラリア超心理学研究所 (AIPR)

1977 年に設立された AIPR (Australian Institute
of Parapsychological Research) は幅広く超常現
象を研究している。組織としての目的の一つは、
体験、健康、疾患と関連付けて現象を位置づけ
ることだ。

フランス人の心霊研究者
ユージーン・オスティは技
術者になった息子とともに
赤外線を使って暗闇でも霊
媒師の動きを撮影できるカ
メラを開発した。

国際心霊研究所 (IMI)

フランスの IMI (Institut Métapsychique International)
は 1919 年に、幅広い現象を研究する目的で設立さ
れた。ギュスターヴ・ジュレ博士などの分野で有名
な研究者が霊媒師を精査する試みを指揮した。現在
も IMI は超常現象に興味を持つ学者や学生を支援、
訓練し続けている。

超能力研究

米軍のスターゲイト・プロジェクトは、1970
年代に超能力を実用化するための方法を見つけ
ようとした。リモート・ビューイング(遠隔透視)
が敵の秘密を探るために使えるのではないかと
信じていたのだ。この試みはジョン・ロンスン
の『実録・アメリカ超能力部隊』(The Men Who
Stare at Goats / 2004 年*) で描かれたことで知
られている。

(* 邦訳『実録・アメリカ超能力部隊』村上和久訳／文
藝春秋〈文春文庫〉/ 2007 年)

超常現象を表現した建築
ARCHITECTURAL AUTEUR

ウィンチェスター・ミステリー・ハウス
米国 カリフォルニア州 サンホセ

1884年、有名な銃メーカーの創設者の未亡人で遺産を受け継いだサラ・ウィンチェスターが、サンホセの農家を広大な迷路に変え始めた。ウィンチェスターは妥協のない創造的なビジョンを持ち、自分で建築計画を書き上げた。これにはオカルト象徴主義の影響が見られる。1906年の大地震で被害を受けたあと、ウィンチェスターは家のレイアウトを遊び心満載に改装し、その結果、奇妙に配置されたドア、階段、不均等な床などが、めまいを起こすような効果をもたらしている。

サラ・ウィンチェスター

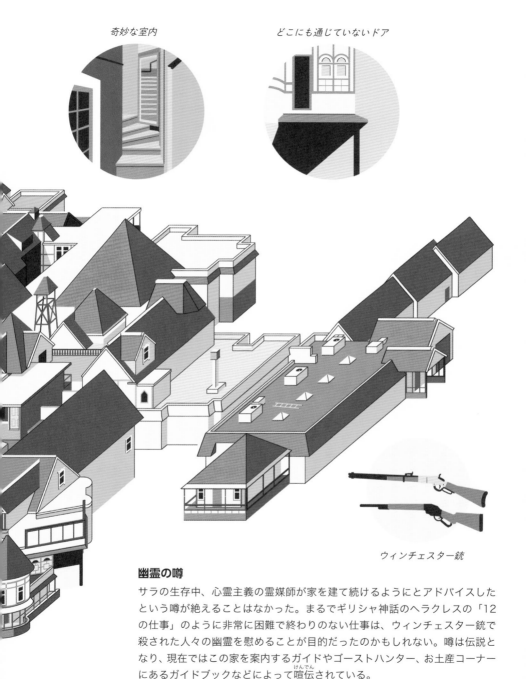

奇妙な室内

どこにも通じていないドア

ウィンチェスター銃

幽霊の噂

サラの生存中、心霊主義の霊媒師が家を建て続けるようにとアドバイスした
という噂が絶えることはなかった。まるでギリシャ神話のヘラクレスの「12
の仕事」のように非常に困難で終わりのない仕事は、ウィンチェスター銃で
殺された人々の幽霊を慰めることが目的だったのかもしれない。噂は伝説と
なり、現在ではこの家を案内するガイドやゴーストハンター、お土産コーナー
にあるガイドブックなどによって喧伝されている。

20世紀

THE 20th CENTURY

霊は帰ってくるか？
フーディニは
否という
そして証明する
3つのショーが一度に
マジック・幻術・脱出
インチキ霊媒を暴く

ライセウム劇場
木・金・土
9月2日・3日・4日
土曜日はマチネ

フーディニの宣伝ポスター（1909年）

インチキを暴く DEBUNKERY

20世紀、懐疑主義者は幽霊信仰のインチキを暴こうとし続けた。幽霊を信じるのは迷信と霊媒のインチキの結果だと信じる人が多かったのだ。米国のマジシャン、ハリー・フーディニは、霊媒師たちがインチキと決まりきったトリックで、悲しむ遺族から金をだまし取るのを見て呆れていた。ローズ・マック・マッケンバーグはフーディニのインチキ暴露作戦に基づく捜査活動を率いていた。証拠を集めるためにマックは様々な独創的な変装をして潜入調査を行った。

マックの変装の数々

マジック・トリック

よくあるトリックは小冊子や本、そしてフーディニの舞台での演技などを通じて暴かれた。トリックは霊媒師と霊媒師の手下（助手）によって操作されていた。子どもは身体が小さくて、暗闇の中で発見されにくいので、手下として重宝された。

霊師媒のトランペット

「こ～んにぃ
ちぃ～わ～」

HULLO...

霊媒師のトランペットは、通常、霊媒師に降りてきているという想定の霊の声を大きくするために使われた。

霊媒師の服につけられた特別なフックで手を使わずにテーブルを動かした。

隠されたモールス信号装置で
霊媒師に情報が伝えられた。

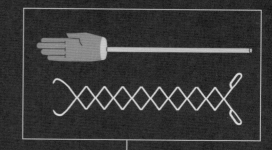

鬼火を作るのには、糸で吊るした
光る物体が使われた。

（つんっ）

POKE!

マジックハンドは遠くに座っている
人をつんつん突くのに使われた。

暗闇の中で、様々な方法によるみせかけの
空中浮遊が作られた。

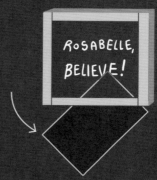

（ロザベル、信じなさい！）

ROSABELLE,
BELIEVE!

幽霊が書いた文字かどうかを見極める
特別な書字版が作られた。

想念形態
THOUGHT FORMS

オカルトでいう「想念形態」は、霊能力で考えを移転させることだ。神智学協会のメンバー、アニー・ベサントとC・W・リードビーターは 1909 年の著書『思いは生きている─想念形態』(*Thought Forms* ／ p.120 参照)でこの現象を「放射される波動と浮遊光」として説明した。焦点が外れた想念形態は、幽霊のような現れ方をすると信じた信者もいた。

20 世紀美術で表現された想念形態の例

抽象美術

想念形態にはこれを主題とした鮮やかで想像力豊かな絵画があった。流行遅れとなった 19 世紀のリアリズムから逸脱したこの美術は、急成長中の多くの抽象主義の画家たちに影響を与えた。ワシリー・カンディンスキー、カジミール・マレーヴィチ、ピエト・モンドリアンなどの画家はすべて、心霊主義者と神智学の説くところから発想を得ている。

タルパ

想念形態はチベットのタルパ（応身／化身）という概念に似ている。タルパは精神または霊的な力が作り出した物体や存在だ。タルパは、人や動物として自分自身の人生を歩むとされている。ゴーストハンターのエド・ウォーレンは、ビッグフットのような UMA (*Unidentified Mysterious Animal* ／未確認動物) は、実は霊能者が作り出したタルパなのかもしれないと推測している。

幽霊が出る廃墟
HAUNTED RUINS

骨組みをさらけ出した家は、かつてここで暮らしていた人々の謎めいた記念碑だ。廃墟が悲劇的な様子を見せるようになると、幽霊の伝説が宿される。20世紀になって、自動車と飛行機の登場により、人々が個人的に幽霊が出ると言われる場所を巡る旅へ出られるようになった。

キナルトマンション
マレーシア、1920年代頃に無人となった

マレーシア東部の森が広がる地域に立つ屋敷の廃墟。現在は歴史的な名所となっていて、多すぎるほどの幽霊がいるとの伝説が広がっている。

劉氏古厝（劉家の古屋敷）
台湾、1950年代頃に無人となった

一般には民雄鬼屋（ミンユウのお化け屋敷）として知られている広大なバロック様式の屋敷は、完全に植物に覆われている。ここには古井戸に身投げした女中の幽霊が出るという。

ラ・カーサ・エンブルハダ
ペルー、2013年に無人となる

直訳すれば「お化け屋敷」という意味になるこの廃墟が地元の伝説に加わったのは、2013年にカルト信者だといわれていた人物がここで自殺してからだ。幽霊屋敷探検を試みる侵入者を諦めさせようと大きく「ここはお化け屋敷ではない」と書かれている。

（ここはお化け屋敷ではない）
（侵入禁止）　（侵入禁止）
（許可が下りないため取り壊し不可）

ゴーストハンター
GHOST HUNTERS

ゴーストハンティングは幽霊が出るという話を調査し、幽霊であるという証拠や合理的で科学的な説明を求める仕事だ。特別な教育体系があるわけではないが、ゴーストハンティングでは幽霊が出るといわれる場所について通常、系統立った調査をする。20世紀のもっとも有名なゴーストハンターは、ほとんどが米国と英国の中産階級の白人男性たちだった。

1. 聞き取り
調査員が目撃者や家主に聞き取り調査をする。

2. 計画と研究調査
間取りなどを把握するために、幽霊が出るという現場を昼間、実地調査する。その場所の背景などの追加情報を図書館やオンラインで探す。

3. 現場調査
霊媒師の時代から、ゴーストハンティングは主に夜間の活動だ。現代ではこの伝統に逆らって、昼間の調査にこだわる人もいる。

4. 寝ずの番

ゴーストハンターは早朝まで現場に留まる。

5. 報告

現場で集められたデータを研究し、検討する。

6. 仮説

調査員たちは超常体験を説明しようとする。

7. フィードバック

調査員たちはクライアントに結果を報告し、推測を述べ、アドバイスする。例えば一酸化炭素が検出されていれば、ガス技術者に問題の解決を委ねる。

心霊調査の道具
TOOLS OF THE TRADE

超常現象調査員は、幽霊だと思われているものの証拠、または合理的な説明を発見するために多様な道具を使う。

ペンと紙

目撃者の話、天候の状況、複雑な間取りの見取り図を記録作成する。

小麦粉

小麦粉、チョークの粉、その他の粉はインチキをはたらく者の足跡を見つけるために使われてきた。

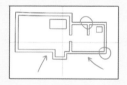

地図と測量

建物を測量することで、死角や影などの、構造上の違和感が奇妙な体験の原因となっていると判明する場合がある。

カメラ

幽霊を撮影する試みのために使われる。

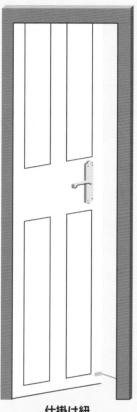

仕掛け紐

廊下やドアから忍び込もうとするインチキを捕まえるために紐でワナを仕掛ける。

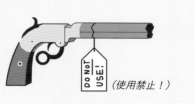

(使用禁止！)

武器

推奨できないが、歴史に残るゴーストハンターの中には銃を持っていた者もいた。それにも関わらず、幽霊を撃って何かができた者は一人もいない。

レーザー温度計

幽霊が作る「コールド・スポット」を感知するためにレーザー温度計を使う者もいる。この装置は表面温度のみを計測し、いつも正確だとは限らない。

録音装置

幽霊の声を捕まえようという試みで使われる。録音で聞こえる幽霊の声は電子音声現象（*Electronic Voice Phenomena* ／ EVP）と呼ばれる。

犬

ゴーストハンターは幽霊を感知する忠実な助手として犬を連れて行く。「精神的にピリピリしているゴーストハンターが多数いる暗い建物の中で、犬を連れて歩くのはバカバカしい考えだ」と言う批判者もいる。

一酸化炭素検知器

一酸化炭素中毒の多様な症状が心霊現象の原因であることがあり、非常に危険だ。一酸化炭素を検知することで、気分の悪化や死を予防できる。

電磁場計測器（EMF）

EMF（*Electro Magnetic Field*）の変動によって幽霊を検知できると信じている人もいる。EMF測定器は、実際は配線や電化製品を監視するために設計されている装置だ。

空気イオン濃度測定器

心霊現象だとされているもののうち、異様な疲れなどの軽い症状は、空気イオン濃度の上昇によって起こることがある。

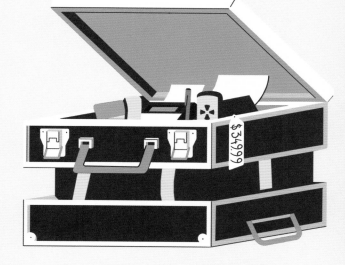

赤外線（IR）カメラ

人間の目には見えないが、すべての物体が赤外線を出している。赤外線カメラは暗闇の中で起こっていることを見る暗視のためによく使われている。

市販のゴーストハンティング・キット

あらかじめパッケージ化されている装置ひと揃い。涙が出るほど高価な値段で売られている。

戦争と幽霊
WAR GHOSTS

戦場では人が苦しんで死に、病気も蔓延するため、幽霊が出ると考えられることが多い。20世紀中は、愛国的な寓話や心理戦で、こうした幽霊を積極的に取り上げた。

モンスの天使

1914年、ウェールズ出身の小説家アーサー・マッケンが戦場の幽霊を題材にした短編小説を新聞に発表した。この作品は、第一次世界大戦中のこの年、ベルギーのモンスでドイツ軍と戦っていた英国軍の部隊の前に、アジンコートの戦い*において活躍した「弓兵」の幽霊が援軍として現れ、追い詰められていた部隊は全滅を免れるというものだった。発表後、マッケンは驚愕のうちに読者が自分の創作を事実として信じてしまったことを知る。英国のジャーナリスト、デイビッド・クラークは、短編がイギリス政府関係機関によって戦争プロパガンダとして推奨された可能性を指摘している。

(* 訳注：15世紀の百年戦争中にフランスで行われた、英国軍対フランス軍の戦い。アジャンクールの戦い)

さまよえる魂たち

ベトナム戦争中、米軍の技術者たちはベトコンの士気を下げようとスピーカーを設置して幽霊のような声を流した。米軍は地元の信仰体系を悪用するつもりだったのだ。米軍の理解によれば、ベトナム人は正式に葬られていない死者が幽霊になると信じているはずだった。しかし、実際はベトコンがスピーカーに銃弾を浴びせただけで、このスピーカー作戦がどれほど効果を上げたかは不明だ。

WOOAAAAH!

「ウォーアァー！」

幽霊兵士は、世界中の伝説に共通して登場する

騎士
ヨーロッパ

ローマの百人隊兵士
ヨーロッパ

南北戦争兵士
米国

第一次世界大戦の兵士
世界中

第二次世界大戦の兵士
世界中

ボーリー牧師館
英国 エセックス州 ボーリー、1927-1938 年

ゴーストハンターのハリー・プライスが「英国でもっとも幽霊が出る家」と説明したボーリー牧師館は、数十年にわたって多数の心霊現象と調査が行われてきた場所だ。ホーンティングの程度を測る実証的な方法はないため、「もっとも幽霊が出る」という肩書きは評判に基づいている。（訳注：1939 年に火事があり、1944 年に取り壊されている）

頭蓋骨

ゴーストハンター
ハリー・プライス

（マーマンヌ 助けて 連れてきて）
家の中に現れたという
幽霊が書いた文字

「幽霊 修道女」

1927 年、ガイ・エリック・スミス牧師と妻メイベルが引っ越してきたボーリー牧師館は、風通しが悪く古臭い建物だった。さらに悪いことに、二人は頭蓋骨を発見し、庭で幽霊を見た。ハリー・プライスは 1929 年に短期の調査をして、物が投げつけられるなど、あらゆる種類の超常現象を記録している。プライスの報告が新聞に載ると、牧師館は超常現象ツアー好きの観光客に人気の心霊スポットとなった。

ポルターガイスト現象を引き起こそうと
「きっかけとなりそうな物体」が家の周囲に置かれた

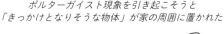

ボーリー牧師館の見取り図

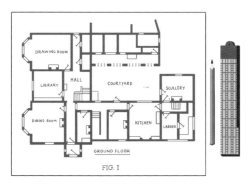

1937 年、プライスは決まったルールに従うという条件で 48 人のボランティアを集めて家を観察させた。彼らはノートを取ったり、地図を書いたり、プランシェットで楽しんだりしたが、ホーンティングの決定的な証拠を見つけることはできなかった。

リミナル・スペース
LIMINAL SPACE

幽霊が出るという心霊スポットの中には、恐ろしい景観のせいで評判を得ているものがある。トンネルは光と闇を繋ぐので、リミナルスペース（異なった場所を繋ぐ通路）となる。世界中で多数のトンネルが心霊スポットだとされていて、幽霊の厄介な伝説がつきまとう。

清滝トンネル
日本 京都、1929 年

日本の清滝トンネルは超常現象好きの観光客に人気のある心霊スポットだ。だが、複数の無愛想な看板が訪問客に、車が走るトンネルに徒歩で入る危険を警告している。1929 年に建造された狭いトンネルは暗い森と信号機に挟まれている。幽霊の伝説は幽霊を見るのに最適の状況がそろうことを特徴としていることが多い。例えば絶好の時間、天候状態、日付などだ。これがそろって幽霊が出る場合、近くの信号機が突然、青になるという。

(訳注：元々は遊園地やホテルもある観光地に人を運ぶ鉄道のトンネルだったが、第二次世界大戦中に鉄道は廃線になり、トンネル内部は軍需工場として使われた。現在は一車線だけの交互通行の道となっている)

お化けアトラクション SIMULATED HAUNTINGS

20世紀の技術者は、いつでも都合よく出現してお金を稼いでくれる幽霊の代役として模擬アトラクションを作った。もっとも人気のあるアトラクションであるお化け屋敷と幽霊列車は、現在でもテーマパークやイベントで見ることがあるだろう。

お化けアトラクションの俳優やスタッフ

幽霊列車

幽霊列車ライドが最初に登場したのは1930年、英国イングランド地方の遊園地ブラックプール・プレジャー・ビーチだった。元々、米国のプレッツェル・ライド（内部に結び目のような通路があるためこう名付けられていた）を輸入したものだったが、当時人気だった演劇『幽霊列車』（1923年）＊にちなんで名称を変えた。

（＊訳注：英国の俳優・劇作家アーノルド・リドリー作の1923年の戯曲 The Ghost Train で、日本でも1949年に大映京都で『幽霊列車』として映画化されている）

（スーパー幽霊列車
デラックス）

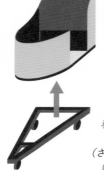

看板の文字
（最悪）
（さまよう魂）
（チケット）

幽霊列車のライド車両

お化け屋敷

お化け屋敷アトラクションは、恐ろしい装飾とお化けを演じる俳優がいっぱいの構造物を客がさまよい歩くというものだ。アトラクションとしてのお化け屋敷は 1920 年代の米国で目立つようになったが、舞台マジシャンが企画することが多かった。以来、仕掛けはどんどん洗練され、アニマトロニクス*や錯覚、ハリウッドの映画製作用に匹敵するセット装飾や小道具を使うことで、説得力を増していった。(* 訳注：動物やモンスターの精巧なロボット)

（悪夢の館）

（幽霊屋敷）

ファンタスマゴリー

ファンタスマゴリーは劇場で見る超常現象の仕掛けだ。幻灯機（ランプを使ったプロジェクター）と背景セット、そして俳優の演技によって上演される。おそらく、17 世紀にドイツで最初に成立した仕組みで、ファンタスマゴリーは劇場で観客むけに上演されるとともに、インチキな交霊会の演出としても利用された。

タイムスリップ
TIMESLIPS

「別の時代や場所に遭遇した」と報告する人々がいる。英国の詩人で心霊研究者のフレデリック W・H・マイヤーズはこれを遡及的認知と呼んだ。一般的にはタイムスリップと呼ばれているもので、幽霊のような姿や幻のような光景を特徴とする体験だ。

フランス　ベルサイユ宮殿

1901 年英国の学者シャーロット・アン・モバリーとエレノア・ジュールダンが、18 世紀のベルサイユ宮殿に迷い込んだという。懐疑論者の推測の一つは、二人が前衛アート的な LGBTQ+ パーティーに遭遇したというものだ。ちょうどこの時期に耽美主義詩人のロベール・ド・モンテスキューが華麗などレス仮装パーティーをここで開いていたのだ。

（ツィッギー！）

英国リバプール　ボルド・ストリート

ボルド・ストリート周辺でタイムトラベルしたという話はいくつかある。一例では、警官が短い間、1950 年代のファッションの人々と店に囲まれていることに気がついたという。1967 年にいる自分を発見して驚いた、ある男性の話も新聞記事になっている。

コンゴ川流域　モケレ・ムベンベ

モケレ・ムベンベは中央アフリカで目撃されたという竜脚類恐竜だ。「竜脚類が奇跡的に絶滅を免れた」と言う人もいるし、「この動物がたまたま劇的にタイムスリップしてしまった」と信じる人もいる。

ドッペルゲンガー
DOPPELGÄNGERS

ドッペルゲンガー（ドイツ語で「二重に歩く者」）は生きている人々の幽霊のような分身だ。こうした分身の行動だとされているものは、不気味なものから平凡なものまで多岐にわたる。超自然についての概略書として名高いキャサリン・クロウの『自然の夜側』（Night Side of Nature／1848年）では、ドッペルゲンガーは、人が病気のときか眠っているときにもっとも目撃されると述べられている。心理学者は、この現象は「自己像幻視」という幻覚だとしている。

THE MIDCENTURY

20世紀中頃

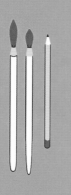

生涯で最高の
ショック！

デボラ・カー
『回転』の
ジャック・クレイト
ン製作・監督

『年上の女』の
ウィリアム・アーチ
ボルド及び
トルーマン・カポー
ティ監督・脚本

怪奇ロマンスの傑作
『ねじの回転』の
ヘンリー・ジェイム
ズ原作

（メモの内容）
変更：
・幽霊を加えること
・最終稿を待つ

映画『回転』宣伝ポスター（1961 年）

乗り物の亡霊
PHANTOM VEHICLES

20世紀、車社会がどんどん当たり前になっていくと、車の調子がおかしいのは幽霊に取り憑かれている証拠ではないかと疑う人も出てくるようになった。地上、空、海に出るという乗り物の亡霊は、都市伝説の常連だ。元の持ち主の幽霊が取り憑いている、あるいは恐ろしい呪いをむき出しにしてくると信じる人もいる。

1. **7番バス（英国 ロンドン、1934年）**
   運転手がいないのに猛スピードで走る幽霊バス。

2. **ボックスホール・アストラ（英国 サリー州 高速道 A3 号線、2003年）**
   この幽霊スポーツカーが目撃されたことで、警察は5ヶ月も未発見だった事故車と死亡していた運転手を見つけることになった。

3. **黄色いビートル（マレーシア クアラルンプール、1990年代）**
   フォルクスワーゲン・ビートルの亡霊が出ると信じられている。

4. **さまよえるオランダ人（大西洋、16世紀）**
   幽霊の船員が乗る大きな幽霊船。

5. **シルバーピレン（スウェーデン ストックホルム、1980年代）**
   シルバーピレンはスウェーデン語で「銀の矢」という意味。これはストックホルムの地下鉄路線を走ると信じられている幽霊電車。

6. 401 便（米国フロリダ、1971 年）

100 名を超す乗客乗員が死亡した墜落事故後、イースターン航空の飛行機の一部が回収されて別の機体に使われた。「401 便の部品を再利用した飛行機には幽霊が出る」という噂がすぐに広まった。

7. ザカ号（モナコ、1959 年）

オーストラリアの俳優エロール・フリンの持ち船だった大型のヨット。フリンの死後、船は幽霊に取り憑かれていると思われるようになり、1979 年にカトリックのエクソシストの注目の的となった。

8. 死の馬車（ヨーロッパ、18 世紀）

伝説の幽霊が駆る馬車。

9. 亡霊フェートン（オーストリア ウィーン 軍事史博物館、現在）

フランツ・フェルディナンド大公が暗殺されたときに乗っていた幌付きのオープンカー。車に幽霊が取り憑いているという伝説が広まったのは 1950 年代からだという。

10. U ボート - 65 号（大西洋、1918 年）

伝説によるとこのドイツの潜水艦では乗組員の死が相次ぎ、幽霊の目撃も絶えなかったという。

不気味な人形たち
FREAKY FIGURINES

イスラ・デ・ラス・ムニェカス（人形の島）
メキシコ ソチミルコ、1950 年代

ソチミルコの運河に浮かぶ小さな島には、何百もの人形が飾られている。伝説によれば、島の所有者のドン・フリアン・サンタナ・バレラが、溺れ死んだ少女の幽霊を慰めるために人形を配置したのだという。

2014 年に島を訪れたテレビ番組『ゴースト・アドベンチャーズ』のスタッフは、島全般の雰囲気と奇妙な音を聞いたことに満足していたようだ。

ラ・レコレタ墓地
アルゼンチン ブエノスアイレス、19世紀頃から現在まで

1822年に創設された、このアルゼンチンの墓地は、素晴らしい霊廟（れいびょう）の迷路となっている。他の埋葬地と同じように、怪談の宝庫だ。伝説によれば、10代の少女ルフィナ・カンバセレスは、昏睡状態におちいったのを死亡したと間違えられ、生きながら埋葬された。ルフィナの幽霊は助けを求めて墓から墓へとさまよっているという。19世紀には墓の中から鳴らせる緊急用のベルを購入する人もいた。慣用句で、間一髪助かったことを「ベルに救われた！」と言うが、実はこれが語源である＊。

(＊訳注：一般的にはボクサーがゴングでKOを免れたことが語源と言われている。おそらく著者の英国式のユーモアだろう)

ユニークに装飾された墓は、幽霊が出るという評判に繋がっている。

墓掘りの幽霊

この世のものとは思えない、鍵がじゃらじゃら鳴る音で知られている。

ラ・ダマ・デ・ランコ
（白衣の女）

伝説の「ホワイトレディ」。1942年の映画、『*Fantasmas en Buenos Aires*（ブエノスアイレスの幽霊）』の原案となった。

ルフィナ・カンバセレス

自分の墓の周辺にあらわれるという。

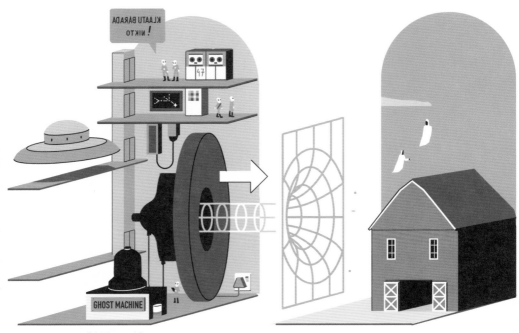

(*幽霊マシン*)

異次元
ANOTHER LAND

幽霊は別次元からやってくると考えている人たちもいる。この仮説は、特に UFO 研究家に人気で、SF ではよくある設定となっている。

マゴニアへのパスポート

天文学者で UFO 研究家のジャック・ヴァレは、著書『マゴニアへのパスポート』（*Passport to Magonia* ／ 1969 年／ p.120 参照）の中で、20 世紀のエイリアンや UFO との遭遇と、妖精界のような神秘的な場所からやってきた自然の精などの歴史的な物語を比較している。ヴァレは「すべての超常現象は、異次元の力によって起こっているのではないか」と示唆している。

ゴブリン宇宙への旅

英国のジャーナリスト、テッド・ホリデーの死後に出版された『ゴブリン宇宙』（*The Goblin Universe* ／ 1990 年）は、ネス湖の怪物からポルターガイスト、UFO まですべてが高い知性を持つ存在だとしている。その後、話が脱線して進化論の批判に及ぶのが厄介である。

エセリアより愛をこめて

1950 年代、米国の超心理学者ミード・レインは、UFO は彼がエセリアと名付けた異次元からやってきているという説を唱えた。レインは「エセリア人が接触してきている」という霊媒師マーク・プロバートとの会話を元にこの推測に至った。

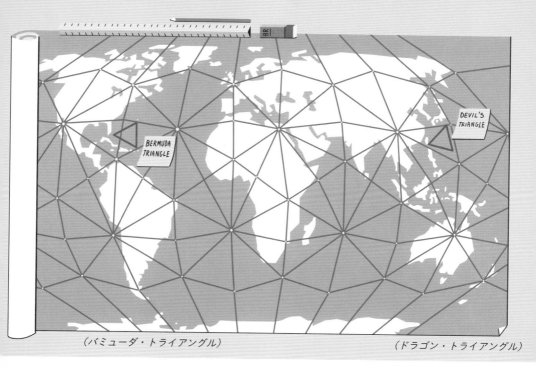

（バミューダ・トライアングル）　　　　　　　　　　　　　　　（ドラゴン・トライアングル）

不快な渦
VILE VORTICES

一部の超常現象の専門家によると、異常な現象を地図上に落としていくと特別な特異点が明らかになるという。

レイライン

1920年代、英国のアマチュア考古学者のアルフレッド・ワトキンスは、「古代遺跡は意図的に線上に並んでいる」という説を立てた。ワトキンスはこの並びを「レイ」（古い英語で「開けた草地」という意味）と名付けた。当時の専門家たちは否定したが、この説は1960年代の超常現象研究家の間で人気となった。レイラインは魔法に満ちていて、心霊現象の原因となり、UFOを呼び寄せると彼らは信じている。

バミューダ・トライアングル

この北大西洋の大まかな海域は、数多くの消失事件で知られている。もっとも有名なのは1945年米海軍の5機からなる第19飛行隊が同時にすべて消失した事件だ。この説の一部の信奉者によれば、バミューダ・トライアングルは世界最大の心霊地域かエイリアンがはびこっている場所なのだという。

ドラゴン・トライアングル

この海のトライアングルは日本の南にあり、何隻かの船が消失している。このテーマについて書く執筆者によってトライアングルの大きさや形は異なっている。伝説の大部分は、米国の超常現象を扱うライター、チャールズ・バーリッツの創作だというのが批判的な意見だ。

（訳注：海外ではデビルズ・トライアングルの名称で知られている）

幻の動物
PHANTOM ANIMALS

動物のような形で現れた幽霊を目撃した人も
いる。未知動物学（UMA を研究する学問）
では、こうした動物をクリプティッド（UMA
／ Unidentified Mysterious Animal）と呼ぶが、
幽霊とモンスター（怪物）、UMA の違いは文
化によって説明が多様なためにはっきりしな
いことが多い。

1. 赤い幽霊（悪魔が乗った赤い巨獣）／米国 アリゾ
ナ イーグルクリー、1883 年

2. マーティンのサル（ペットだったサルの幽霊）／
英国、16 世紀頃

3. ゴーストディア（幻の白鹿）／米国 エディ山、
20 世紀

4. オールドマーティン（クマの幽霊）／英国 ロン
ドン、1816 年

5. ナイトメア（悪夢の正体だという雌馬のような悪
霊）／ヨーロッパ、13 世紀

6. エイリアンビッグキャット（都市や住宅地に出現
するクロヒョウのような大型のネコ科動物）／英国、

20 世紀

7. ファントムドッグ（幸運と不運を呼ぶという 2 匹
の黒いレトリバー）／英国 リーズ城、19 世紀

8. ブラックシャック（黒い犬のような UMA）／英国、
16 世紀

9. 黒猫（虐待されて殺された少年のペットの黒猫の
幽霊）／英国 オクセンビー、19 世紀

10. チェリー・ザ・ドッグ／フィンランド タピオラ、
1974 年

11. 言葉を話すマングース、ジェフ／英国 マン島、
1931 年

12. 実体化したモルモット／英国、19 世紀

13. 幽霊雁／英国 メロンズビー、19世紀頃
14. 幽霊フクロウ／ロシア東部、19世紀
15. ウートゥブェルズル（死んだ子どもがなるという
幽霊）／アイスランド、11世紀以前
16. イヌワシ／ポーランド ワルシャワ、1919年
17. 白い鳥（*司教の死を予告するという*）／英国 ソール
ズベリー、1885年
18. ルデモニオネグロ（*黒い悪魔のサメ*）／太平洋、
20世紀
19. ネス湖の怪物／英国 ネス湖、6世紀頃

ネス湖の悪魔払い

一部のUMA研究家は、ネス湖の怪物は奇跡
的に絶滅を免（まぬが）れた古代の生き物だと信じてい
る。だが1975年、教区牧師がこの有名な生
き物に対して悪魔払いをしようとした。彼は、
「これは悪霊で、地元地域で心理的にアルコー
ル依存と鬱病（うつびょう）を引き起こしている」と信じて
いたのだ。

p.80-81の斜体は訳者注

幽霊の出る病院と学校
HAUNTED INSTITUTIONS

ポヴェーリア島
ヴェネツィア イタリア、1960 年代頃

ヴェネツィアの潟にあるポヴェーリア島は、18 世紀に隔離用の島となった。100 年以上に渡って隔離地域となり、多くの腺ペスト患者がここに置き去りにされて死を待ち、その死体は火葬されるか集団墓地に埋葬された。1922 年に島の建物は精神病院に改装されて、その後 1960 年代に閉院、廃墟となった。2016 年、5 人のアメリカ人観光客が恐怖のあまりゴーストハントを放棄して島から救出された。彼らは 2009 年にテレビ番組『ゴースト・アドベンチャーズ』がこの島を取り上げた放送回に触発されてここを訪れたらしい。イタリアの懐疑派の組織 CICAP (*Comitato Italiano per il Controllo delle Affermazioni sulle Pseudoscienze*) は、「テレビやブログに取り上げられるまでは、島で幽霊が出たという話はほとんどなかった」と断じた。

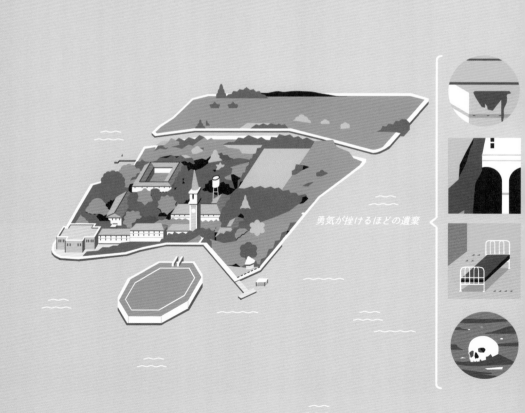

勇気が挫けるほどの遺棄

ハイヒールを履いた恐怖

マダム・コイコイは、ナイジェリアが起源の幽霊伝説だと信じられている。この幽霊は寄宿学校に取り憑いていて、トイレの個室をさまよい、またベッドで眠る生徒を怖がらせるという。コイコイという名は、かかとがコツコツと鳴る擬音から来ている。1960年代にナイジェリアの国立学校から始まったとされている。伝説によれば、幽霊は無慈悲で厳しいことで知られていた元教師だという。ある話ではマダム・コイコイは生徒に殺され、復讐のために現れるのだという。

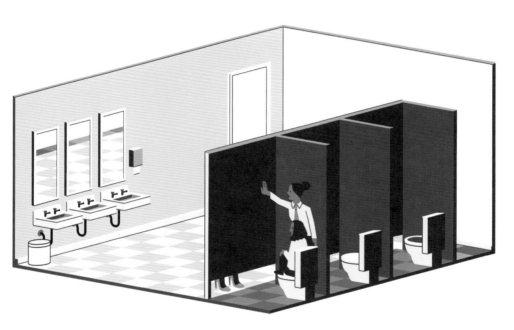

ある話では、幽霊は幻影の靴以外、姿が見えない。

幽霊は寄宿舎に住む生徒たちを脅かす。

幽霊は生徒たちをつねったり、平手打ちしたりするという。

メディアの中の幽霊
GHOSTS IN MEDIA

映画の中に初めて幽霊が登場したのは、フランスの映画監督ジョルジュ・メリエスの『悪魔の館』(Le Manoir du Diable ／ 1896 年) だ。この時代の作品の典型で、幽霊は白いシーツを被ったひらひらする姿で描かれている。その後、何十年もの間、幽霊は映画、テレビ、テレビゲームに登場し続けている。

1. バンクォー、『マクベス』(1606 年)
2. ジェイコブ・マーリー、『クリスマスキャロル』(1843 年)
3. 幽霊、映画『悪魔の館』(1896 年)
4. 幽霊、『好古家の怪談集』(1904 年)
(邦訳は『M・R・ジェイムズ怪談全集 1』紀田順一郎訳／東京創元社〈創元推理文庫〉／ 2001 年など多数)
5. 幽霊、映画『呪いの家』(1944 年)
6. キャスパー、映画『キャスパーなかよしおばけ』(1945 年)
7. お岩、映画『東海道四谷怪談』(1959 年)
8. 男、映画『恐怖の足跡』(1962 年)
9. 幽霊、英国 BBC の SF ホラーテレビドラマ『ストーンテープ』(1972 年)
10. 海賊の幽霊、映画『ザ・フォッグ』(1980 年)

84

11. オビワン、映画『スター・ウォーズ　帝国の逆襲』(1980 年)
12. ブリンキー、ゲーム『パックマン』(1980 年)
13. 双子、映画『シャイニング』(1980 年)
14. 魔物、映画『ポルターガイスト』(1982 年)
15. ゴーザ、映画『ゴーストバスターズ』(1984 年)
16. スライマー、映画『ゴーストバスターズ』(1984 年)
17. ベテルギウス、映画『ビートルジュース』(1988 年)
18. テレサ、ゲーム『スーパーマリオブラザーズ3』(1988 年)
19. 野球選手、映画『フィールド・オブ・ドリームス』(1989 年)
20. サム・ウィート、映画『ゴースト／ニューヨークの幻』(1990 年)
21. ルチャック、ゲーム『モンキー・アイランド』(1990 年)
22. ビル、映画『ビルとテッドの地獄旅行』(1991 年)
23. テッド、映画『ビルとテッドの地獄旅行』(1991 年)
24. 判事、映画『さまよう魂たち』(1996 年)

25. サイラス、映画『さまよう魂たち』(1996 年)
26. 山村貞子、映画『リング』(1998 年)
27. 自転車乗り、映画『シックス・センス』(1999 年)
28. ジャッカル、映画『13 ゴースト』(2001 年)
29. 「深淵なる悲哀」ザ・ソロー、ゲーム『メタルギアソリッド3』(2004 年)
30. ゼパニア・マン、ゲーム『チームフォートレス2』(2009 年ハロウィーン・イベント)
31. ママ、短編映画『Mamá』(2008 年)
32. C、映画『A GHOST STORY ア・ゴースト・ストーリー』(2017 年)
33. アグネス・ダウド、ゲーム『レッド・デッド・リデンプション II』(2018 年)
34. エドモンド・オマラ、テレビドラマ『ザ・ホーンティング・オブ・ブライマナー』(2020 年)

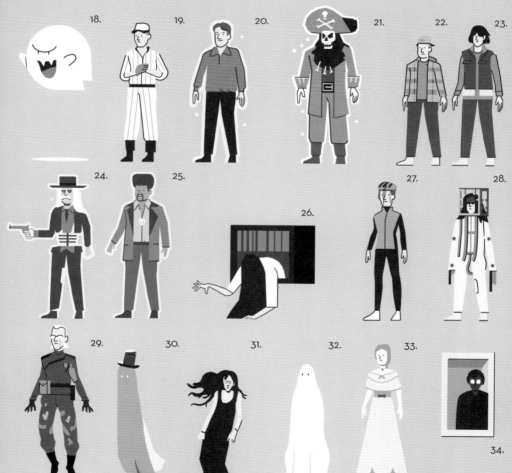

85

THE POSTMODERN ERA

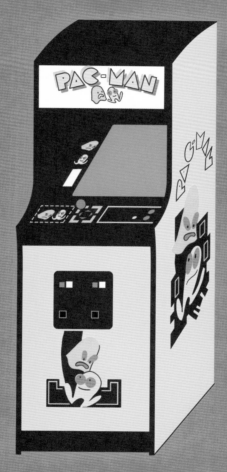

パックマン　アーケード機（ゲームセンター用、1980 年）

ハイゲイト墓地 HIGHGATE CEMETERY

ポストモダン期になると、テレビや新聞のマスメディアを舞台として、ホーンティングが素早く、広く伝えられるようになった。あるメディア由来のヒステリア（社会現象的パニック）のケースとしては、怪奇小説的なビクトリア朝のハイゲイト墓地に、超常現象研究家、墓荒し、自称エクソシストが押しかけたことが挙げられる。

ハイゲイト墓地
英国 ロンドン、1960 年代

事件は 1968 年に、不埒な悪党が棺桶を貫く鉄の杭を打ち込んだことで始まった。その後、墓地をさまよう灰色の幻姿が目撃され、超常的な不法侵入者と対峙しようという期待に満ちたゴーストハンターたちが到着した。

吸血鬼の存在が、墓地を不安に陥れていると信じる人々もいた。ある墓荒らしは埋葬された遺体の首を切り落とし、火をつける狼藉まで働いた。吸血鬼を信じていたのだろう。

オカルトのライバル

エクソシストのショーン・マンチェスターとオカルト主義者デイビッド・ファラントは、この状況の解決を巡って競い合った。二人の確執をマスメディアが詳しく報じ、さらに野次馬を惹きつけた。

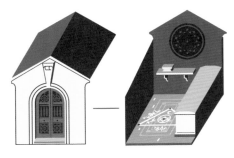

吸血鬼や幽霊の影響を払おうと
オカルト記号（呪符）が用いられた。

奇妙な伝説のある英国の墓

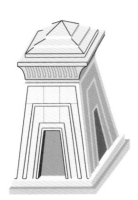

ハンナ・コートイの墓
ブロンプトン墓地

内部に秘密のテレポーテーション装置があるという、怪しげな噂がある。

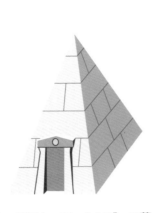

ウィリアム・マッケンジーの墓
リバプール

エジプトのピラミッド型の墓付近でマッケンジーの幽霊の目撃が相次ぐ。

ジョージ・マッケンジーの墓
エジンバラ

この墓は何度も墓荒らしにあっていて、その後、幽霊が出るという噂が広まった。

取り憑かれた物
POSSESSED POSSESSIONS

多くの伝説では、物体に侵襲的な幽霊、魔物、あるいは呪いが取り憑いた様が説明されている。取り憑かれる物体はもっぱら古いもので、まるで古さが霊を招いているようだ。

1952 年、ゴーストハンターのエド・ウォーレンとロレイン・ウォーレンが、最初のホーンテッド博物館である「ウォーレン・オカルト博物館」を開館した。二人の家の裏に立てられた博物館は、人形、仮面、その他の呪われた物体のコレクショ

ンを誇っている。2017 年にはテレビの「ゴーストハンター」であるザック・バガンスがラスベガスに自分のホーンテッド博物館を開いた。入館者は目に見えない力の犠牲者になった時に備えて、免責事項にサインするように促される。

1. 0888 88888（呪われた電話番号）
2. グラームス城の伝説の絵（ひとりでに窓に明かりが灯るという）
3. 呪われた鏡／米国 ルイジアナ州 マートルズ・プランテーション
4. 伝説によく登場する呪われたチェスト
5. 電話ボックス（幽霊が出るという）／日本 東京 水元公園
6. 叫ぶ頭蓋骨／英国 バートン・アグネス・ホール

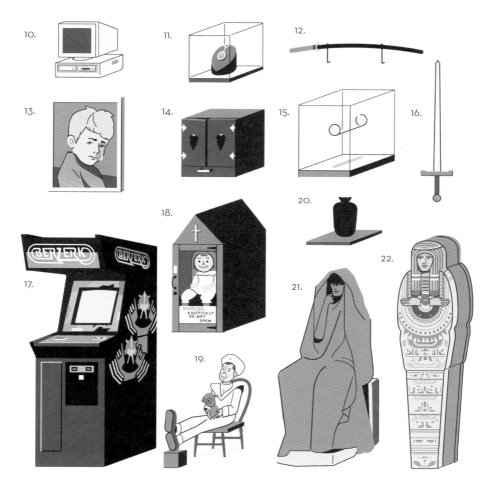

7. 『手、彼に抵抗し』ビル・ストーンハム作の絵（呪われているという）

8. バズビーの呪われた椅子（座った人は死ぬという）／英国 サースク博物館

9. ブライダルショップの生々しいマネキン／メキシコ チワワ

10. 呪われたアムストラッド製パソコンPC1512／英国 ストックポート

11. ホープダイヤモンド（伝説の呪いのダイヤ）／米国 ワシントンDC 国立自然史博物館

12. 妖刀村正／日本

13. 『泣いている少年』（泣いている子供たちを描いたいくつかの絵は幽霊が取り憑いているといわれている）

14. ディブクの箱（悪魔が封じ込められているという）

15. 空中を飛ぶ液体の入った円筒形のガラス容器／英国 ロンドン塔

16. 呪われた剣（多くの古い武器には呪いの伝説がある）

17. ゲームセンター用ゲーム機『ベルセルク』（このゲーム機で遊ぶと死ぬという）／米国

18. 人形「アナベル」／米国 コネチカット州 モンロー ウォーレン・オカルト博物館

19. 人形「ロバート」／米国 フロリダ州 イーストマーテロ博物館

20. バサーノの花瓶（死を呼ぶ花瓶）／イタリア

21. ブラックアギーの像（像の膝に座ると死ぬといわれていた）／米国 ワシントンDC

22. 不幸のミイラケース（様々な不幸をもたらすという）／英国 大英博物館

p.90-91 の斜体は訳者注

ゴーストタウン
GHOST TOWNS

放棄された居住地は、ゴーストタウンというあだ名で呼ばれがちだ。居住地が放棄される理由は様々で、経済、環境、あるいは戦争といった圧力が理由であったりする。ゴーストタウンは、幽霊の目撃体験がほとんどなくても「幽霊が出る」という評判を得ることが多い。人気(ひとけ)のなさと、草木や雨風によるダメージが町を孤独で不安な空間にしているのだ。

キャリコ・ゴースト・タウン
米国 カリフォルニア州

1950年代以降、この放棄された古い西部の鉱山町は、観光スポットとして売り出されている。復元と称して、建物に古びた外観を勝手に加えたりもしている。幽霊が出るという地元の話を受けて、定期的なゴースト・ツアーも開催されている。

ジャジラット・アル・ハムラ

アラブ首長国連邦

ジャジラット・アル・ハムラは、数世紀の間、小さな真珠取り船団の本拠地だったが、1968年に住民がより大きな町に移住して、大部分が放棄された。以降、悪霊ジンが出るという噂があるものの、町は野外博物館として使われている。

三芝区 UFO ハウス

台湾 台北市 三芝区

未完成のプレハブ集合住宅。1980年に財政難で建設を中止。付近の道路で死亡事故が起こり、また自殺者が出たことで幽霊が出るという評判を得た。ある説によると、この場所はもともとはオランダ人墓地だったという。2010年に解体された。

ホワイト・レディ
THE WHITE LADY

幽霊の伝説でもっともよくあるのが、ホワイト・レディだ。女性の幽霊で白い服がふわふわとなびいて漂うのでそう呼ばれる。社会評論家の中には、ホワイト・レディ伝説はかつて女性に対して家父長制を肯定するために使われていたと信じる人もいる。伝説は通常、妻や母親として失敗した女性が幽霊となり、悲劇的な最後に繋がったとしているのだ。

ラ・ジョローナ

ラテンアメリカに広く伝えられるラ・ジョローナ（「泣く女」の意）はスペイン人征服者の恋人に裏切られて、自分の子どもたちを水に沈めて殺し、その後、自分も入水した女性の話だ。伝説はヨーロッパによる植民地化以前からあったと信じる人々もいるが、いずれにせよ、水のある場所に取り憑いた地元女性の幽霊の話になっていることが多い。

ア・ラディ・ウーエン

ウェールズに残るケルト神話では、ア・ラディ・ウーエン（「ホワイト・レディ」のウェールズ語）は、様々な役割をする幽霊だと信じられている。ある地域では宝物がいっぱいに入った大鍋を守っているといわれ、他の話では絶望してさまよい、助けを求めて泣き叫ぶとされている。

「助けて！」

HELPWCH FI!

ウィッテ・ウィーベン

オランダとベルギーの神話に出てくる幽霊は、ウィッテ・ウィーベン（オランダ語で「賢い女性」または「白い女性」）といわれている。神話ではこの幽霊は魔女や妖精のような役回りで、薬を処方したり、トリックを仕掛けたりし、供物を捧げることで味方になってくれる。

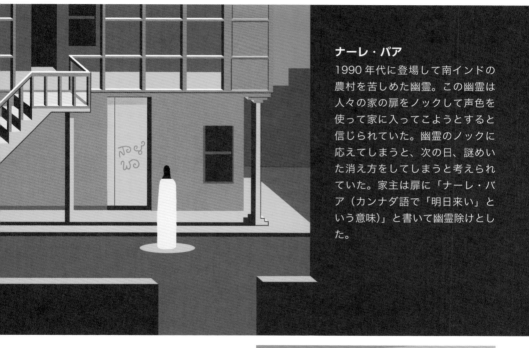

ナーレ・バア

1990年代に登場して南インドの農村を苦しめた幽霊。この幽霊は人々の家の扉をノックして声色を使って家に入ってこようとすると信じられていた。幽霊のノックに応えてしまうと、次の日、謎めいた消え方をしてしまうと考えられていた。家主は扉に「ナーレ・バア（カンナダ語で「明日来い」という意味）」と書いて幽霊除けとした。

カペロサ

カペロサはフィリピンに出る幽霊だ。一般に無害だと信じられていて、自分が死んだ場所に強く縛り付けられている。

アミティヴィルの幽霊屋敷
AMITYVILLE HAUNTING

アミティヴィルの幽霊屋敷
米国 ニューヨーク州 ロングアイランド アミティヴィル、1975 年

1975 年、23 歳のロニー・デフェオ・ジュニアは、自宅で自分の家族 6 人を殺したことを認めた。その後、間もなくジョージ・ラッツと妻キャシーが 3 人の子どもとこの事件のあった家に引っ越してきた。幽霊が出るかもしれないと心配したラッツ一家は神父を招いて家をお祓いしてもらった。だが、すぐに一家は過剰なほどの超常現象に気がつく。

起こったという超常現象の一部

子どもだけに
見える豚

ひづめの跡

目に見えない
つかむ手

幻の音楽

バタンと閉まる
ドア

鏡に映る
幻姿

デフェオの弁護士は、心霊現象について記者会見を開くようにラッツ一家を説得した。取材の嵐のあと、ラッツ一家はバカバカしいやりとりに疲れ、作家のジェイ・アンソンを選んで本をまとめるように依頼した。この本、『アミティヴィルの恐怖』(*The Amityville Horror : A True Story* / 1977 年*) はハエや壁から流れ出る血など、いくつかの創作的な演出を登場させている。

(* 邦訳:『アミティヴィルの恐怖―全米を震撼させた悪魔の家 ドキュメント』ジェイ・アンソン著/南山宏訳/徳間書店/ 1978 年)

ラッツ一家は家族で家を出た後、超常現象研究家の集団を招いて家を精査してもらった。調査メンバーには有名なゴーストハンターのハンス・ホルツァーと、エドとロレインのウォーレン夫妻も含まれていた。映画化された第一作『悪魔の棲む家』(1979 年) 以降、多数の続編とスピンオフ作品が続いた。

悪魔払いの時には奇妙な声が聞こえた

最高だ!

ゴーストハンターは驚喜した

幽霊写真 GHOST PHOTOS

19世紀の写真スタジオで撮影された心霊写真と異なり、幽霊写真は幽霊が出る場所で撮影されたとされているものだ。幽霊写真はコンパクトカメラやビデオカメラ、CCTV（閉回路テレビ）で撮影されている。UFO写真と同じようにぼやけたり、はっきりしない形が写っていることが多い。はっきりしていないことが功を奏して、メディアで紹介されると興奮気味の推測を呼んだ。

 1.

 2.

 3.

 4.

 5.

 6.

 7.

 8.

1. 1936年　英国 レイナムホール
ブラウン・レディの幽霊だという写真。懐疑論者は、二重露光のトリック写真の例だと信じている。

2. 1944年　英国 ボーリー牧師館
幽霊が投げたレンガの証拠だという写真。おそらく写真に写っていない労働者が投げたもの。

3. 1959年　英国 イプスウィッチ
幽霊乗客に見える写真。懐疑論者はこれも二重露光写真である可能性を示唆している。

4. 1966年　英国 ロンドン
幽霊マニアのピーター・アンダーウッドは、この写真をコダックに送った。分析の結果、明らかな改ざんの証拠は見つからなかった。

5. 1975年　英国 ウーステッド教会
会衆席に座っている発光幽霊に見えるもの。露出オーバーで再現可能な効果。

6. 1976年　米国 ニューヨーク州 アミティヴィル
超常現象の調査中に撮影された幽霊少年だという写真。懐疑論者は、単に驚いている調査員の一人だと信じている。

7. 1950年代　フランス サンジャンドモーリエンヌ
ポルターガイスト活動の記録。物体は、単にカメラに写っていない人が投げている可能性がある。

8. 日付不明　米国 テキサス州
逆さまの影。2000年代にデジタル加工で作られたと信じている人もいる。

悪魔パニック
STANIC PANIC

幽霊や交霊会に興味を持つことに対して「こうした活動は悪魔を刺激して煽動する」と反対する人々がいる。もっとも有名なのは 1970 年代から北アメリカに広がったモラル・パニックだろう。この間、信者たちは、秘密の悪魔崇拝者たちが政府、メディア、公的機関の中枢で働いていたと主張した。

『エクソシスト』（1973 年）のような映画とウイジャ・ボードが、広がりつつあった恐怖と疑いを後押しした。人気のあったロールプレイング・ゲームの『ダンジョン＆ドラゴンズ』も危険だと信じられていて、悪魔崇拝と並ぶとされた。

（訳注：この時期はゲームも含めて、子ども向けのファンタジーやマンガであっても、魔法の話だというだけで内容に関係なく、悪魔の手先だと非難され、禁止された）

ダンジョンマスターの手引き

失せろ！

悪魔憑きの症状だとされるもの

食欲がなくなる

異様な強さ

超常的な離れ業

エクソシズム（悪魔払い）

エクソシズムは、人または場所から悪霊を取り除こうとする儀式的な試みだ。神話や伝説によれば、霊に取り憑かれた人には食欲を失うことから異常な強さまでの様々な症状が見られる。キリスト教の聖書に、イエスがレギオンという魔物に取り憑かれた男に対してエクソシズムを行う描写があるのは有名だ。

カトリック教会では、何世紀にもわたってエクソシズムの儀式が行われてきた。1970年代に悪魔パニックが起こるまでは、儀式は廃れてきていた。

カトリックのエクソシズム・キット

聖職者

各種の布とろうそく

聖水

十字架

聖職者用聖書

小説や映像作品に登場するゴーストハンターたちは、スピリチュアル戦士ヒーローから口の上手い興行主まで、多様だ。もっとも有名なのは1984年の映画、『ゴーストバスターズ』だろう。ジャンプスーツを着た科学者たちが、幽霊や次元を超えてくる魔物と戦った。

小説『妖魔の通路』（1910年）

（邦訳の代表は『幽霊狩人カーナッキの事件簿』W・H・ホジスン著／夏来健次訳／東京創元社〈創元推理文庫〉／2008年）

  1. トーマス・カーナッキ

小説『山荘綺談』（1959年）

（邦訳『山荘綺談』シャーリイ・ジャクスン著／小倉多加志訳／早川書房〈ハヤカワ文庫〉／1972年他）

  2. ジョン・モンタギュー博士

アニメ『弱虫クルッパー』（1969年）

  3. クルッパー（本名スクービー・ドゥー）
  4. ボロピン（本名ノーヴィル・"シャギー"・ロジャース）
  5. メガコ（本名ヴェルマ・ディンクレー）
  6. ジェニー（本名ダフネ・ブレイク）
  7. ハンサム（本名フレッド・ジョーンズ）
  8. 愛車ミステリーマシン

21 世紀

THE 21st CENTURY

オンライン幽霊ビデオ (2019 年頃)

ゴーストハンティング テレビ番組
TV GHOST HUNTHING

21世紀初頭から、テレビのリアリティー番組がゴーストハンティングの
ありかたに大きな影響を及ぼした。

ゴーストハンティングの番組は主に米国で制作されるため、主役は白人男性がほとんどで、幽霊調査には演出が加えられている。各回の放送内容は、ドラマチックかつスリリングになるように音楽と効果音で大幅に編集されている。

ゴーストハントの最初の生放送は、ゴーストハンターのハリー・プライスが1936年にBBCラジオで放送したものだ。テレビドラマシリーズ『X-ファイル』（1993年）の人気が、21世紀に超常現象をテーマにした番組が大量に登場するきっかけとなった。

プレゼンター

製作スタッフ

モスト・ホーンテッド（2002年〜現在）

英国の番組『モスト・ホーンテッド』（Most Haunted）は、ゴーストハントを放送する番組で、大げさな照明とドライアイスを使っている。実用的な衣装を着た霊媒師が主演するという点でも、後続の番組に影響を及ぼした。

ゴーストハンターズ（2004年〜現在）
（邦題：パラノーマル・ゴーストハンター）

『ゴーストハンターズ』（Ghost Hunters）は、アトランティックパラノーマル協会（The Atlantic Paranormal Society's ／ TAP）の幽霊が出るとされている場所での調査活動を追った番組だ。番組には調査メンバーが幽霊の存在を証明すると信じて繰り出す目映いばかりの機材の数々が登場する。

ゴースト・アドベンチャーズ（2008 年〜現在）

『ゴースト・アドベンチャーズ』（Ghost Adventures）は、アメリカ人ゴーストハンターのザック・バガンスと調査チームのゴーストハントの次第を追う番組で、チームメンバーが電子機器を誇示し、奇妙な音に驚いてみせる構成となっている。この番組シリーズはスピンオフ番組でも成功し、資金を得たザック・バガンスはラスベガスにホーンテッド博物館をオープンしている。

ゴーストハンティング番組のスタッフの例

エグゼクティブプロデューサー	調査担当	録音技師
主役（調査員）	プロダクションコーディネーター	ポストプロダクションスーパーバイザー
編集	編集助手	法務担当
脚本	音楽	共同プロデューサー
プロデューサー	セカンドカメラ	製作会計担当
ラインプロデューサー	オンラインエディター	機器技術
写真ディレクター	オーディオミキサー	スチール写真
プロダクションマネージャー	グラフィックデザイナー	現地音響

現代のホーンティング
MODERN HAUNTHINGS

シャーマン牧場
米国 ユタ州

シャーマン牧場は幽霊、UFO、UMA など多種多様な異常現象が起こる場所といわれている。1996 年ここを購入した実業家のロバート・ビゲローが「超常現象の兆候があれば調査するように」と研究者に依頼した。20 年間に及ぶ結論の出ない研究調査のあと、この牧場の所有者は何度も変わった。現在は、ナバホ族の神話に登場する怪物の名を借りた「スキンウォーカー牧場」という名称で不動産市場に売りに出されている。

霊と幻影

はっきりとした証拠がないにも関わらず、ここで起こったという超常現象の噂によって、この牧場はドキュメンタリーやフィクションの題材となり、グッズまで作られた。

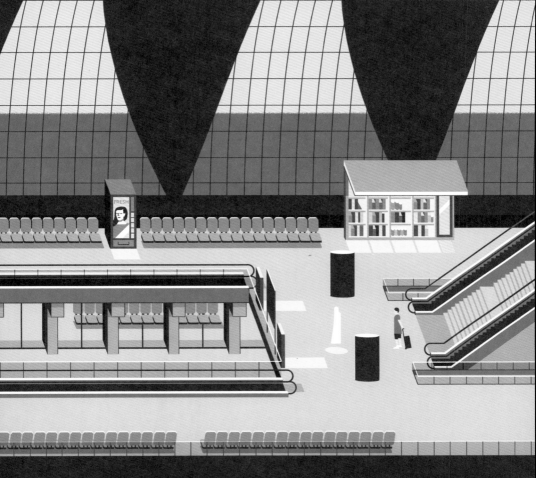

スワンナプーム国際空港
タイ バンコク

2006年の開発以来、スワンナプーム国際空港は心霊スポットだと評判になっている。空港の敷地に古代の墓地があったといわれているからだ。工事中に建設作業員たちは、嘆き声のような幻聴と奇妙な出来事を経験した。この事件は、99人の僧侶が9週間に及ぶ悪魔払いの儀式を行ったことで最高潮を迎えた。最後の数時間となったときに、一人の男が墓地の守護者だという「プー・ミン」と名乗る青い顔の幽霊に取り憑かれたようになった。

空港の客とスタッフは今でも、一心に守護の責務を果たしているプー・ミンの姿を目撃しているという。空港には客が祈って幽霊を慰めることができる仏教の祠が祀られている。

幽霊が出るホテル HAUNTED HOTELS

ホテルは、幽霊が出るという場所の常連だ。お客やスタッフが死んだという噂がつきものだからだ。中には英国のジャマイカ・インのように、幽霊をアメニティーとして遠慮なく宣伝している場所もある。幽霊が出るという部屋は泊まりたいという客が多いために別料金になっていたりする。

ジャマイカ・イン（英国 コンウォール）

ファーストワールド・ホテル
マレーシア パハン、ゲンティンハイランド

2001年に建てられたばかりにも関わらず、マレーシアのファーストワールド・ホテルにはかなりの幽霊伝説がある。ある話では、人生最後の行動を繰り返し演じ続ける幽霊が、高層階の窓から何度も何度も落ちるのだという。話の多くはインターネットの掲示板とYouTubeのアマチュア・ゴーストハンターが生み出している。後者は懐中電灯を振り回しながら暗い通路や駐車場を忍び歩く心霊マニアだ。

ミズパー・ホテル（米国 ネバダ州）

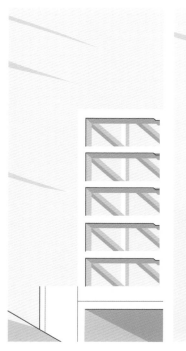

バンバン！

ウォーオーア〜

インターネット幽霊
INTERNET GHOSTS

インターネット時代の初期、人々はチェーンメールやネット上の掲示板で幽霊伝説を共有していた。21世紀は、SNSのおかげでもっと多くの人たちに簡単に伝説を広めることができるようになった。

インターネットの幽霊伝説は創作ホラーとして始まったものが多く、写真修正ソフトを使って作られた不気味な画像を伴っているのが典型だ。ネット上で広く拡散することで、元の文脈が抜け落ち、またたく間に本物の怪奇現象の報告だと見なされるようになった。現代の批評家はこの種の伝説を「デジタル民間伝承」と呼んでいる。

SPCG / *Solar Plexus Clown Glider*
（ソーラー・プレクサス・クラウン・グライダー）

インターネットの初期に、チェーンメールで広まった白黒の怪しい画像。SPCGは、人間に取り憑く寄生虫のような存在だという話だった。

（やるべきじゃなかったね）

ベン・ドラウンド

本当にあった話として複数メディアで展開された呪われたテレビゲームで、怪奇現象が起こるという話。ゲームソフト『ゼルダの伝説 ムジュラの仮面』に基づいた創作だった。

クリック・ベイト（釣り記事）

インターネットには、記事閲覧数や訪問者数を増やすことを目的としたコンテンツであふれている。本物だという幽霊写真や心霊ビデオはこうした「釣り記事」の「エサ」としてよく使われている。

くねくね

インターネットに流通している、くねくねという幽霊を実際に目撃したという話。元々は日本のインターネット掲示板発祥の怪談。

消えない伝説
ENDRING LEGENDS

この本で取り上げたホーンティングの大部分は、特定の場所や時間（ある建物や時代など）と結びついているが、現在でも新しい幽霊の目撃報告や物語が世界中で生まれ続けている。

幻のヒッチハイカー

幻のヒッチハイカーは都市伝説で良くある話で、20世紀に有名になった。1940年代に民俗学者リチャード・ビアズリー、ロザリー・ハンキーがこの話の異なる70以上のバージョンを採集している。

この伝説は学問的な考察をしたジャン・ブルンヴァンの著作『消えるヒッチハイカー』（The Vanishing Hitchhiker ／ 1981年*）によって広く知られるようになった。

もっとも一般的な話では、心優しい運転手が夜、ヒッチハイクをしている人を拾う。乗ってきた人は奇妙な振る舞いをし、走行中にまるで手品のように消えてしまう。困惑した運転手は地元の人々と話し、ヒッチハイカーが幽霊だったことを知る。

(* 邦訳『消えるヒッチハイカー：都市の想像力のアメリカ』ジャン・ハロルド・ブルンヴァン著／大月隆寛・菅谷裕子・重信幸彦訳／新宿書房／ 1997年 新装版他)

ブラッディー・マリー

よく知られている幽霊のブラッディー・マリーは、占いの一種であるカトプトロマンシー（ギリシャ語で「鏡占い」を意味する）に起源がある。伝統的には儀式の参加者が暗闇でろうそくを灯して鏡を見つめ、儀式中にブラッディー・マリーを呼び覚ます。「ブラッディー・マリー……ブラッディー・マリー……ブラッディー・マリー！」と呪文を唱えると未来の恋人の姿か、呼び名通りの血まみれのマリーの幽霊が現れるという。鏡占いは、磨か

れて姿が映るものがある限り存在するものだが、ブラッディー・マリーの幽霊の起源ははっきりとはわかっていない。ただ、英国では女王メアリー1世*と関連付けられている。

(* 訳注：宗教改革を覆し、プロテスタントを迫害したことで知られる女王)

世界の幽霊たち GHOSTS THROUGH TIME

1. 親殺しのエル・シルボンの幽霊／ベネズエラ
2. 看護師の幽霊／英国 ケンブリッジ
3. 海賊黒ひげの幽霊／米国 オクラコーク島
4. ヤクシー（夜叉）／インド
5. 潜水艦士官の幽霊／大西洋
6. 英国空軍パイロット／英国 クロイドン
7. 首なし騎士の幽霊／ヨーロッパ
8. クラハン（妖怪）／タイ
9. 罠猟師の幽霊／カナダ ラブラドール
10. 道路に飛び出す女／英国 パイクーム

11. 黒騎士／マルタ島 マノエル砦
12. マイリング（間引きされた子どもの幽霊）／スカンジナビア
13. ナーン・タキアン（木の精）／タイ
14. オーレベリ騎士団の幽霊（合戦で死んだ 12 人の騎士の幽霊）／スウェーデン
15. ファラオの幽霊／エジプト 王家の谷
16. クィシン（鬼神）／韓国
17. メーナーク（ナーク母さん、難産で死んだ女性の幽霊）／タイ

18. 人魂／日本
19. 物の怪／日本
20. プレタ（餓鬼）／タイ
21. レイス（悪霊）／英国
22. ポチョン（墓場に出る屍衣で包まれた幽霊）／インドネシア
23. マ・フェ・ワー（子どもの死肉を食べる幽霊）／ミャンマー
24. フォンジー・セエ（成仏できない僧侶の幽霊）／ミャンマー

25. 首なし修道女／カナダ
26. 尻目（妖怪）／日本
27. サンダウンクラウン（正体不明の奇妙な存在）／英国 ワイト島
28. 海賊スペードビアードの幽霊／米国 グレートディズマルスワンプ
29. バイキングの幽霊／英国 ヨーク

p.112-113 の斜体は訳者注

現代の幽霊

現在でも、友人や家族から聞いたり、本やメディアで幽霊の話を耳にすることはあるだろう。あなたにも、何か語りたい話はあるだろうか？

幽霊は宗教的な祭りの中心にいて、私達に「死者に敬意を払い、暗闇に注意するように」と気づかせてくれる。幽霊は小説、映画、テレビゲームなど創作作品の奥深くに宿り、恐怖と喜びをもたらす。科学的な分析が広がる一方で、人々の間で語り継がれる背筋も凍る物語のスリルを楽しんでいる人も多い。もしも自分で幽霊を探す勇気があるなら、責任を持ってやってみると良い。暗い廃墟への無断侵入は、叫び声を上げる幽霊に出会うよりも遙かに大きな危険が伴う行為だ。

どれほど影響力が少なくても、幽霊はスリルと恐怖を感じさせる存在で、我々は恐ろしさに震える手で光を求めてしまう。

読者の皆さんが、私と共に永遠の問いを発してくれることを願っている。

「そこに、誰かいるのか？」

幽霊伝説に関わる人々 PEOPLE OF GHOSTLORE

1. ジョセフ・グランビル（ゴーストハンター）
2. キャサリン・クロウ（作家）
3. マギー・フォックス（マネージャー）
4. ケイト・フォックス（霊媒師）
5. リア・フォックス（霊媒師）
6. ヘレナ・ブラバッキー（神智学者）
7. W・F・テイラー（心霊主義者）
8. アラン・カルデック（心霊主義者）
9. アーサー・コナン・ドイル（作家、心霊主義者）
10. ハリー・フーディニ（マジシャン、暴き屋）
11. ベス・フーディニ（マジシャン、暴き屋）
12. ローズ・マッケンバーグ（暴き屋）
13. ルクミニ・デヴィ・アランデール（ダンサー、神智学者）
14. パスカル・B・ランドルフ（心霊主義者）
15. P・T・バーナム（興行師）
16. コーラ L・V・スコット（霊媒師）
17. エレノア・シジウィック（心霊研究者）
18. ヘンリー・シジウィック（心霊研究者）
19. アレイスター・クロウリー（オカルト主義者）
20. チャールズ・フォート（作家）
21. ウィリアム・マリオット（マジシャン、暴き屋）
22. リーフィー・アンダーソン（霊媒師）
23. ダニエル・ダングラス・ホーム（霊媒師）
24. ハリー・プライス（ゴーストハンター）
25. ルディ・シュナイダー（霊媒師）
26. イライジャ・ボンド（ウィジャの発明家）
27. ワシリー・カンディンスキー（芸術家、心霊主義者）
28. ドリーン・バリエンテ（オカルト主義者）
29. ハンス・ホルツァー（ゴーストハンター）
30. ピーター・アンダーウッド（超心理学者）

31. アンドリュー・グリーン（ゴーストハンター）

32. ジョン・G・テイラー（懐疑論者）

33. エド・ウォーレン（ゴーストハンター）

34. ロレイン・ウォーレン（ゴーストハンター）

35. キャロライン・ワット（超心理学者）

36. イヴェット・フィールディング（テレビ司会者）

37. ジョン・スペンサー（作家）

38. レオ・ルイクビー（歴史家）

39. ローズマリー・エレン・ギリー（作家）

40. デビッド・クラーク（作家、ジャーナリスト）

41. ジェイソン・ホーズ（ゴーストハンター）

42. グラント・ウィルソン（ゴーストハンター）

43. エイミー・ブルーニ（ゴーストハンター）

44. ジェームズ・ランディ（マジシャン、暴き屋）

45. ガウラヴ・ティワリ（ゴーストハンター）

46. ロジャー・クラーク（作家）

47. ダレン・スプラット（ゴーストハンター）

48. ジュワン・ミサ（ゴーストハンター）

49. マーカス・ハーベイ（ゴーストハンター）

50. フィリップ・ボードウィン（作家）

51. キアラン・オキーフ（超心理学者）

52. ダン・エイクロイド（俳優、オカルト主義者）

53. アレクサンドラ・ホルツァー（ゴーストハンター）

54. リチャード・ワイズマン（懐疑論者）

55. ジェイ・アラニ（ゴーストハンター）

56. リック・ワース（作家）

57. オーウェン・ワッツ（イラストレーター）

58. ジョーダン・コルバー（イラストレーター）

59. マリア・J・ペレスクエルボ（編集者）

60. アーヴィング・フィンケル（歴史家）

61. ヘイリー・スティーブンス（懐疑論者）

62. ラケシュ・カンナ（作家）

63. ザック・バガンス（ゴーストハンター）

グロサリー（用語集）
GLOSSARY

悪魔払い Exorcism
カトリック教会の司祭など宗教的な指導者が霊を追い出すこと。

ウー Woo
おかしな説を支持するために科学っぽい用語を使うこと。ウーは幽霊の出す音でもある。

エクトプラズム Ectoplasm
霊媒師が交霊中に吐き出す物体。

オカルト Occult
魔術、神秘主義、超常の広範囲の研究。

懐疑主義者 Skeptic
科学的探査と科学的方法に価値を置く人。

金縛り Sleep Paralysis
目が覚めても動けない体験。幻覚や何かに押さえつけられている感覚を伴うことも多い。

交霊会 Séance
霊媒師と霊の正式な会合。降霊会と表記することもある。

ゴーストハンター Ghost Hunter
ホーンティングを解明しようという意図を持って調査する人。

ゴースト・モブ Ghost Mob
報道で話題となったホーンティングの場に押しかける野次馬の集団。

サイ Psi
心霊現象（サイキック現象）。

死後の世界 Afterlife
死後、魂がどこで暮らすかについての宗教的な概念。

ストーンテープ Stone Tape
サイキック・エネルギーは環境や物体、建物に蓄えられるという仮説。（訳注：建物の石材や空間に、過去の出来事が刻まれているという説）

魂 Soul
生きているものには精神が宿っているという概念。

超感覚的知覚（ESP） Extra Sensory Perception
超常的な方法による情報受信で、テレパシーや透視などを含む場合もある。

テレパシー Telepathy
思考の精神的な伝達。

電子音声現象（EVP） Electronic Voice Phenomena
幽霊のような声が録音機器による録音に現れるもの。

ドッペルゲンガー Doppelgänger
生きている人の超常的な分身で、悪い前兆だと考えられることが多い。

トリガー物体 Trigger Object
ゴーストハンターの中には、ホーンティングが疑われる場所に幽霊を刺激するための物体を仕込む者もいる。

ネクロマンシー Necromancy
魔術による死者の召喚。

ハイ・ストレンジネス High Strangeness
UFO学者J・アレン・ハイネクがUFO事件の奇妙な事象を名付けた言葉。超常の他分野でも使われることが多い。

パレイドリア Pareidolia
ランダムなデータの中にパターンを認識すること。例えば、影の中に邪悪な姿を見るなど。

憑依 Possession
人間、物体、あるいは動物が邪悪な存在の生息の場となっていること。

物体引き寄せ Apport
何もなかったところに物体が突然現れること。

ホーンティング Haunting
場所、人物、物体に関連して超常活動がしばしば、あるいは繰り返し起こること

マス・ヒステリア Mass Hysteria
恐怖による集団パニックで、共同幻想や取り憑かれたような行動を伴う。

幽体離脱 Astral Projection
肉体と魂を分離できるという能力。

臨死体験（NDE） Near-Death Experience
生命の危機的状況で見る光景。明るい光を見る体験が多い。

霊能者 Psychic
超常的な手段で知識を言い当てることができると主張する人。

霊媒師 Medium
死者の魂と交信できるという能力を持っている人。

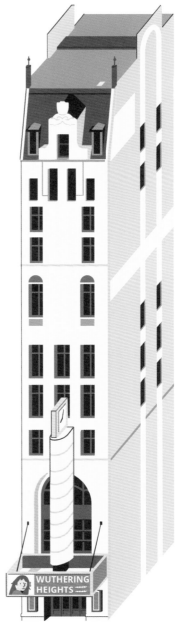

（嵐が丘）

幽霊が出るという
米国のニューアムステルダム劇場

もっと詳しく知りたい人向けの参考文献 2023年6月現在
FURTHER READING

CROWE, Catherine, (1848), *The Night Side of Nature*. Reprint, London, UK: British Library, 2011

BESSANT, Annie, LEADBEATER, Charles W, 1901, *Thought Forms*. Reprint, New York, USA: Sacred Bones Books, 2020

『思いは生きている―想念形態』アニー・ベサント、チャールズ・ウエブスター・リードビーター著／田中恵美子訳／竜王文庫〈神智学叢書〉／ 1994 年

JAMES, M.R., 1904, *Ghost Stories of an Antiquary*. Reprint, New York, USA: Dover Publications, 2011（Fiction）

『M・R・ジェイムズ怪談全集 1』（「好古家の怪談集」を収録）M・R・ジェイムズ著／紀田順一郎訳／東京創元社〈創元推理文庫〉／ 2001 年

JACKSON, Shirley, (1959), *The Haunting of Hill House*. Reprint, London, UK: Penguin Classics, 2014（Fiction）

『山荘綺談』シャーリイ・ジャクソン著／小倉多加志訳／早川書房〈ハヤカワ文庫〉／ 1972 年
『たたり』（1999 年）『丘の屋敷』（2008 年）／シャーリィ・ジャクソン著／渡辺庸子訳／東京創元社〈創元推理文庫〉

JVALLÉE, Jacques, (1969), *Passport to Magonia*. Reprint, Brisbane Australia: Daily Grail Publishing, 2014

『マゴニアへのパスポート：UFO、フォークロア、平行世界について』ジャック・ヴァレ著／花田英次郎訳／花田英次郎による私家版／ 2016 年

GREEN, Andrew, (1973), *Ghost Hunting: A Practical Guide*. Reprint, Suffolk, UK: Arima Publishing, 2016

MAYNARD, Christopher, (1977), *The World of the Unknown: Ghosts*. Reprint, London, England, Usborne 2019

『幽霊』（謎の世界 3）クリストファー・メイナード著／佑学社／ 1978 年

MICHEAL, John & RICKARD, Robert, (1977), *Phenomena: A Book of Wonders*. London, UK: Thames and Hudson

『怪奇現象博物館―フェノメナ』J・ミッチェル・R・リカード著／村田薫訳／北宋社／1987年

BLUNDELL, Nigel & BOAR, Roger, (1983), *The World's Greatest Ghosts*. London, UK: Octopus Books Ltd

『世界怪奇実話集』N・ブランデル著／岡達子・野中千恵子訳／社会思想社〈現代教養文庫〉／1988年

ADAMS, Douglas (1987), *Dirk Gently's Holistic Detective Agency*. New York, USA: Simon & Schuster

『ダーク・ジェントリー全体論的探偵事務所』ダグラス・アダムス著 安原和見訳／河出書房〈河出文庫〉／2017年

CHASE, Robert David, et all (1989), *Ghost Hunters*. New York, USA: St. Martin's Press.

SPENCER, John & Anne, (1992), *The Encyclopedia of Ghosts & Spirits*. London, UK: Headline Book Publishing
ジョン・スペンサー・アン・スペンサー著『世界怪異現象百科』桐生操監修／原書房／1999年

RANDLES, Jenny, (1994), *The Afterlife*. New York, NY, USA: Berkley Books

MICHEALS, Susan, (1996), *Sightings*. New York, NY, USA: Fireside

RANDLES, Jenny, (1996) *The Paranormal Source Book*. London, UK: Piatkus

 HOLZER, Hans, (1997), *Ghosts: True Encounters With The World Beyond*, New York, USA: Black Dog & Leventhal

 SLEMAN, Thomas, (1998), *Strange But True*. London, UK: London Bridge

 CLARKE, Roger, (2012), *A Natural History of Ghosts: 500 Years of Hunting for Proof.* Reprint, London UK: Penguin Books Ltd

 RUICKBIE, Leo, (2013), *Ghost Hunting*. London, UK: Constable & Robinson Ltd

 COVERLY, Merlin, (2020), *Hauntology*. Harpenden, UK: Oldcastle Books Ltd

 FINKEL, Irving, (2021), *The First Ghosts*. London, UK: Hodder & Stoughton

もっと詳しく知りたい人向けの映像作品 2023年6月現在
FURTHER VIEWING

Night of the Demon (1957), dir. Jacques Tourneur[Film], Columbia Pictures

『悪魔の夜』ジャック・ターナー監督［映画］／コロンビア・ピクチャーズ／1957年

House (1977), dir. Nobuhiko Obayashi [Film],Toho

『ハウス』大林宣彦監督［映画］／東宝／1977年

The Innocents (1961), dir. JackClayton [Film], 20th Century Fox

『回転』ジャック・クレイトン監督［映画］／20世紀フォックス／1961年

The Evil Dead (1981), dir. Sam Raimi [Film],New Line Cinema

『死霊のはらわた』サム・ライミ監督［映画］／ニュー・ライン・シネマ／1981年

Carnival of Souls (1962), dir. Herk Harvey[Film],Herts-Lion International

『恐怖の足跡』ハーク・ハーヴェイ監督［映画］／ハーツライオン・インターナショナル／1962年

The Shining (1980), dir. Stanley Kubrick [Film], Warner Bros.

『シャイニング』スタンリー・キューブリック監督［映画］／ワーナー・ブラザース／1980年

The Haunting (1963), dir. Robert Wise [Film],Metro-Goldwyn-Mayer

『たたり』ロバート・ワイズ監督［映画］／MGM／1963年

Poltergeist (1982), dir. Tobe Hooper[Film],Metro-Goldwyn-Mayer

『ポルターガイスト』トビー・フーパー監督［映画］／MGM／1982年

Scooby Doo, Where Are You? (1969), dir. Joseph Barbera & William Hanna [TV], Taft Broadcasting

『弱虫クルッパー』ジョセフ・バーベラ&ウィリアム・ハンナ監督［TV］／NHK総合／1970年

Ghostbusters (1984), dir. Ivan Reitman [Film], Columbia Pictures

『ゴーストバスターズ』アイバン・ライトマン監督［映画］／コロンビア・ピクチャーズ／1984年

The Stone Tape (1972), dir. Peter Sasdy [TV], BBC2

『The Stone Tape』ピーター・サスディ監督［TV］／BBC2／1972年

Beetlejuice (1988), dir. Tim Burton [Film], Warner Bros.

『ビートルジュース』ティム・バートン監督［映画］／ワーナー・ブラザース／1988年

The Exorcist (1973), dir. William Friedkin [Film], Warner Brothers

『エクソシスト』ウィリアム・フリードキン監督［映画］／ワーナー・ブラザース／1973年

The Exorcist III (1990), dir. William Peter Blatty [Film], 20th Century Fox

『エクソシストIII』ウィリアム・ピーター・ブラッティ監督［映画］／20世紀フォックス／1990年

The Frighteners (1996), dir. Peter Jackson
[Film], Universal Pictures

『さまよう魂たち』ピーター・ジャクソン監督［映画］／ユニバーサル・ピクチャーズ／1996年

The Others (2001), dir. Alejandro Amenábar
[Film], Warner Bros.

『アザーズ』アレハンドロ・アメナーバル監督［映画］／ギャガ／2001年

Coco (2017), dir. Lee Unkrich [Film],
Walt Disney Studios

『リメンバー・ミー』リー・アンクリッチ監督［映画］／ウォルト・ディズニー・ピクチャーズ／ピクサー・アニメーション・スタジオ／2017年

Ghost Stories (2017), dir. Jeremy Dyson [Film],
Lions Gate

『ゴースト・ストーリーズ 英国幽霊奇談』ジェレミー・ダイソン監督［映画］／トランスフォーマー／2017年

The Haunting of Hill House (2018),
dir. Mike Flanagan [Series], Netflix

『ザ・ホーンティング・オブ・ヒルハウス』マイク・フラナガン監督［配信シリーズ］／ネットフリックス／2018年

Ghosts (2019), dir. Tom Kingsley
[TV], BBC One

『ゴースト〜ボタン・ハウスの幽霊たち』トム・キングズリー監督［TV］／BBC／2019年

The Haunting of Bly Manor (2020),
dir. Mike Flanagan [Series], Netflix

『ザ・ホーンティング・オブ・ブライマナー』マイク・フラナガン監督［配信シリーズ］／ネットフリックス／2020年

索引
INDEX

実体化した手
（幽霊の手をろうで型取りしたもの）

「鏡を通じて君に話しかけた」

（以下は英国のテレビドラマ）

ELEANOR SIDGWICK
エレノア・
シジウィック

現世　サマーランド

WORLD OF THE LIVING　SUMMERLAND

THE BEREAVED　THE STRANGERS

残されたもの　ストレンジャーズ

テーブル
タッピング

テーブル
ムービング

スピリット
キャビネット

SOCIETY FOR PSYCHICAL RESEARCH
Est. 1882
Ψ

YES　OUIJA　NO
ABCDEFGHIJKLM
NOPQRSTUVWXYZ
1234567890
GOOD BYE

'I SPOKE TO YOU BY THE GLASS'

MATERIAL HANDS

'TABLE TIPPING'

TABLE MOVING,

舞台装置
STAGECRAFT

A

MAGIC
魔法

MANIFEST-ATION
顕現

APPORT
アポート

SPIRIT CABINET

BORLEY RECTORY
ボーリー牧師館

A

↑↑↓↓←→←→ B A

ZENNER CARDS
ESP カード

ST AUGUSTINE LIGHTHOUSE

33

SÉANCE ROBE

セントオーガスティン灯台　　交霊会用ローブ

見開きの（　）内は訳者注

「ロザベル、信じなさい」
（フーディニがあの世から
　送ると約束した暗号）

金星から来たスペースブラザーズ
（UFO コンタクティーの交信相手）

ペッパーズ・ゴースト
（幽霊を出現させる視覚トリック）

ロストボーイ事件
（米国で助けを求める
無線交信だけで消えて
しまった少年）

幻島
（一度は地図に載った
が、実際は存在しな
かった島々）

1518 年舞踏病
（1518 年に大流行した
という舞踏病の原因は
幻覚を起こす麦角菌
中毒だったという説）

忌まわしき樹木人
（ペルーで目撃された
木の茂みのような
姿のエイリアン）

クラハン
（脱穀棒にまたがり、
両腕につけたザルで
羽ばたきながら空を
飛ぶタイの悪霊。
ガスーの夫）

ガスー
（内臓をぶら下げて
空を飛ぶ首だけの
悪霊。クラハンの妻）

ストーンテープ
（建物の石材や空間に
過去の出来事が刻まれ
ているという説）

地獄への門

シャドーピープル
（黒い影のような存在。
焦げ臭い匂いがするという）

帽子男

著者（絵と文）プロフィール

Adam Allsuch Boardman
アダム・オールサッチ・ボードマン

イギリス、リーズを拠点に、イラストレーター、
アニメーター、ライターとして活動する。
細部への興味に突き動かされ、規則的な線と
はっきりした色遣いで物のディテールを描くのを得意とする。
著書に、『イラストでわかる映画の歴史
いちばんやさしい映画教室』（フィルムアート社）
（原題『An Illustrated History of Filmmaking』）、
『イラストで見る UFO の歴史』（マール社）
（原題『An Illustrated History of UFOs』）がある。
また、イギリス国立メディア博物館など
イギリスの博物館でも数多く彼のイラストが使われている。
アップル、デロイト、ジェットスターなど企業との仕事も多く、
ダイレクトで分かりやすく情報を伝えるために、
遊び心に溢れた作品を提供している。

訳者プロフィール

ナカイサヤカ

翻訳家、ライター。
ASIOS（超常現象の懐疑的調査のための会）運営委員。
絵本翻訳者として出版翻訳をスタート。
主な訳書に『探し絵ツアー』シリーズ（文渓堂）、
『代替医療の光と闇』、『反ワクチン運動の真実』、
『さらば健康食神話』（地人書館）、
『イラストで見る UFO の歴史』（マール社）。
共著『科学リテラシーを磨くための 7 つの話』（あけび書房）。
『超能力事件クロニクル』（彩図社）など、
ASIOS 名義の本にもライターとして参加している。

訳者謝辞：
巻末ながら、翻訳にご協力いただいた
ASIOS メンバーに深く感謝します。